KB165896

안전하고 편안한 비행의 동반자

안전하고 편안한 비행의 동반자

승무원

최선영 지음

IGHT
TENDANT

"
자기가 어디로 가고 있는지 아는 사람은
세상 어디를 가더라도 길을 발견한다.
"

- 데이비드 스타 조르단 -

"
겨울은 내 머리 위에 있다.
하지만 영원한 봄은 내 마음 속에 있다.
좋게 만들 수 없다면 좋아 보이게 만들어라.
"

- 빌 게이츠 -

C·O·N·T·E·N·T·S

승무원 최선영의
프러포즈

미래의 후배들에게!

'자 오늘 떠나요 공항으로!'로 시작하는 볼빨간사춘기의 '여행'이란 노래가 있어요. 옛날 미니홈피라는 걸 사용하던 엄마 아빠 세대들에겐 김동률의 '시작'이나, 거북이의 '비행기'라는 노래도 인기가 있었는데, 모두 비행기를 타고 떠나는 여행의 설렘이 듬뿍 담긴 노래였어요. 노래를 들으면 '나도 비행기를 타고 어딘가로 놀러 가고 싶다' 그런 마음이 몽글몽글 올라왔던 것 같아요.

하지만 설렘이 가득한 여행자의 마음으로 만나는 비행기와, 그곳이 근무 공간이 되어야 하는 승무원이 생각하는 비행기는 많이 달라요. 그건 너무 당연한 일인데요. 승무원은 여행을 즐기거나 볼일을 보러 가는 사람들이 큰 문제 없이 목적지까지 도착하는 데 도움을 주는 사람들이니까요. '안전하고 편안하게'라는 큰 전제를 달고 말이에요.

　이 '안전하고 편안하게'라는 당연한 전제가 (꽤나 자주) 예상하지 못했던, 혹은 걱정했던 변수들 때문에 지켜지기 힘든 상황에 놓이기도 해요. 승무원은 이런 복잡하고 힘든, 때로는 해결이 불가능해 보이는 미션들을 해결하면서 경험치를 쌓아가는 그런 직업이랍니다.

　비행하면서 어려운 일들은 크게 보면 다양한 부류의 사람들(승객들) 때문이거나, 물리적인 환경 때문에 마주하게 되는데요. 기내에서는 다치는 사람, 아픈 사람, 싸우는 사람, 취한 사람, 흔치 않지만 출산을 하는 사람도 있고, 뜻하지 않게 사망하는 사람도 있어요. 그리고 태풍이나 폭설이 예보되었을 때와 같이 기상 상황이 좋지 않을 때는 비행기에 문제가 생기는 건 아닌가 걱정도 되는 게 사실이에요. 그 외에도 현지(목적지가 해외라면)의 정치, 사회적 이슈, 재난상황, 전쟁 등의 큰 이유에서부터 조업사의 파업, 출항지의 지원능력 부족, 공항 및 활주로를 포함한 기반시설의 미흡 등으로 승객들은 자세히 알지 못하지만 승무원들은 미리 알고 대처해야 하는 사항들이 있고요.

막상 이런 일이 일어난다면 어떻게 하냐고요? 승무원은 만약에 일어날 비상 상황에 대비해 반복해서 훈련을 받고 있어요. 위험한 상황에 자동적으로 반응할 수 있도록요. 훈련 때 복창했던 문구를 순서대로, 잠꼬대로 읊조릴 수 있을 만큼 비상시 대처 방법을 몸에 익히고 있다면 지나친 걱정은 하지 않아도 돼요. 물론 그럴 경지에 이르도록 철저하게 훈련해야겠죠.

승무원은 항상 승객을 위하는 마음이 먼저라 승객의 식사를 챙기고 불편한 사항을 해결하느라 제때 식사를 하지 못하는 일은 늘상 겪는 일이고요, 밤을 새워 오랜 시간 비행하느라 졸리고 피곤할 때가 많아요. 목적지에 도착할 즈음이 되면 녹초가 되어있기도 하죠. 하지만 여행을 막 시작하는 승객들에게는 행복한 여행이 되기를 기원하고, 여행에서 돌아와 집으로 향하는 고객에게는 즐거운 기억이 남기를 바라는 마음으로 따뜻하게 미소 지으며, 비행을 마치고 작별인사 하는 순간은 참 뿌듯해요. 비행 동안 일어난 크고 작은 일들을 해결하고 비행을 무사히 마쳤다는 안도감도 있고요.

힘든 만큼 보람도 있고, 색다른 경험을 나와 가족들에게 선물해 줄 수 있고, 책에서만 봐왔던 지구촌 곳곳의 문화를 직접 눈으로 보고 체험할 수 있는, 좋은 점이 많은 직업이랍니다.

여러분은 승무원이라는 직업에 대해 어떻게 생각하나요? 드라마나 영화에 나온 승무원의 모습을 상상하고 있는 건 아닌가요? 여러분이 만난 승무원이 누구인지는 모르겠지만, 저는 과장하지 않고 솔직하게 승무원이 하는 일을 여러분에게 알려드리려고 해요. 들어보고 직장으로서의 비행기 근무가 나에게 적합할지 판단하는 데 제 글이 도움이 되었으면 해요. 30년 근무경력을 바탕으로 여러분에게 승무원이라는 직업의 100가지의 즐거움과 100가지의 어려움을 모두 설명해드릴게요.

승무원을 지망하는 멋진 후배님들, 저도 건강관리 꾸준히 해서 여러분을 곧 만나보고 싶어요. 여러분도 건강하세요~

첫인사

편 토크쇼 편집자

최 최선영 사무장

㉠ 안녕하세요, 최선영 사무장님. 오랫동안 승무원으로 일하신 사무장님과 인터뷰를 진행하게 되어 기쁩니다. 먼저 자기소개 부탁드려요.

㉡ 안녕하세요, 대한항공 객실승무원 최선영입니다. 제가 1994년 입사했으니까 올해로 30년이 되었어요. 2년 정도 육아휴직을 했던 때를 제외하면 28년 동안 이 일을 하고 있어요. 합격 통지를 받고서 이렇게 오래 일을 하게 될 줄은 몰랐는데, 햇수로 30년이라니 여러 가지 마음이 드네요.^^

㉠ 잡프러포즈 시리즈에 참여해달라는 요청을 받고 승낙하셨어요. 어떤 이유가 있을까요?

㉡ 청소년 때는 세상에 어떤 직업이 있는지 많이 궁금할 것 같아요. 승무원은 꽤 많이 알려진 직업이에요. 언론에 항공사가 자주 등장해서 그런지 항공사를 떠올리면 자연스럽게 따라오는 직업이라고 할까요. 그래서인지 이 직업에 꽤 매력을 느끼는 청소년들이 있다고 들었어요. 하지만 현직에 있는 저로서는 알려진 이미지들이 실제와는 조금 거리가 있다고 느낄 때도 많더군요. 그래서 승무원이 되고 싶은 친구들을 위해서 저희가 어떤 일을 하는지 구체적으로 알려주고 싶다는 생각이 들었어요.

🄿 승무원은 단정하고 깔끔한 이미지, 친절하고 우아하게 미소 짓는 이미지가 있어요. 그래서 항공사를 대표하는 직업이 된 것 같아요. 승객들이 비행시간을 추억할 때도 승무원은 큰 부분을 차지하는데요. 왜 그렇다고 생각하시나요?

🄼 비행기를 타고 여행하기로 마음먹은 사람들이 여행을 막 시작할 때 만나는 사람이 승무원이고, 여행하고 돌아가는 길에 마지막으로 만나는 사람도 승무원이에요. 여행객 입장에서는 여행의 시작과 끝을 함께 하는 사람이다 보니 기억에 남는 게 아닐까 싶어요. 한국을 떠날 때의 승객들은 여행에 대한 기대감으로 들떠있고 기분이 좋으세요. 이럴 때 승무원이 밝은 모습으로 서비스를 하면 좋게 봐주시는 것 같아요. 또 여행을 마치고 집으로 돌아갈 때는 비행기에 탑승하면서 편안함을 느끼시는 것 같아요. 낯선 환경에서 긴장했던 마음이 풀리며 드디어 집에 가는구나 하는 안도감. 그래서 저희가 베풀었던 작은 성의를 기억해주시는 게 아닌가 싶어요.

🄿 승무원은 예전에도 인기 있는 직업이었고, 지금도 꽤 인기 있는 직업인데요. 그 이유는 뭐라고 생각하세요?

🄼 유니폼의 매력도 있고, 깔끔한 이미지의 직업이고, 항상 친절한 미소를 띠는 편안한 직업이라는 이미지가 강해서 그런

게 아닐까요. 그런 면에서 승무원은 이 직업에 대한 프라이드 가 높아요. 선배들도 그랬고 저희도 그렇고요. 그걸 지키려고 노력하니까 이 직업에 대한 이미지가 더 좋아진 게 아닐까 생 각해요. 그러나 이 일은 분명 매력적인 부분도 있지만 어렵고 힘든 일도 있거든요. 또 잘 알려지지 않은 승무원의 역할도 많 고요. 저는 이 기회를 통해 과장하지 않고 솔직하게 이 직업의 세계를 청소년 여러분에게 알려드리려고 해요.

편 사무장님이 입사했을 때와 지금 입사하는 청년들은 좀 다 른 것 같은데, 실제로 달라진 게 있나요?

최 제가 승무원이 되었을 때만 해도 이 직업으로 정년퇴임을 할 것이라고는 생각하지 않았어요. 그때만 해도 승무원이라는 직업이 미혼 여성들이 잠깐 거쳐 가는 직업으로 여겨졌거든요. 물론 멋진 유니폼을 입고 남들이 잘 가지 못하는 해외를 자유롭게 드나드는 매력 때문에 한때 젊은 여성들이 꽤 선호하는 직업에 꼽히기도 했죠. 그래서 경쟁률이 꽤 셌어요. 그런데 지금은 그렇게까지 환상을 품고 입사하는 사람들은 거의 없는 것 같아요. 실제로 탑승객으로 비행기를 타 본 경험도 많고 승무원이 하는 일이 많이 알려지기도 했으니까요. 대신 승무원으로서 자신의 커리어를 쌓기 위해 오는 사람들이 많아졌어요. 안정적인 전문직이고 일하고 싶을 때까지 일할 수 있거든요. 원한다면 정년 이후에도 계약을 연장할 수도 있고요. 이런 점이 달라졌다고 생각해요.

편 사무장님이 입사했을 때와 지금은 많이 달라졌지만 여전히 승무원은 선호하는 직업 중의 하나인 것 같아요. 비행기에 탑승한 승객이 도착지에 안전하게 도착할 때까지 편안하고 안전하게 비행할 수 있도록 돕는 승무원의 세계, 지금 출발합니다.

승무원 이란

(편) 승무원이라는 직업을 어떻게 정의할 수 있을까요?

(최) 여행의 동반자로 승객들이 비행기에 탑승해서 목적지에 도착할 때까지 안전하고 편안하게 만드는 일을 도와주는 사람들이에요. 승무원은 조종사로 알려진 운항승무원과 객실승무원 모두를 일컫는 말인데요. 일반적으로 승무원이라고 하면 객실승무원을 말해요. 영어로는 플라이트 어텐던트Flight Attendant라고 하죠. 예전에는 남성 승무원을 스튜어드steward, 여성 승무원을 스튜어디스stewardess로 구분했는데 이제는 남녀 구분 없이 플라이트 어텐던트라 부르고, 명찰에 줄임말로 FA라 쓰죠. 승무원 내부에서는 오래전부터 FA로 불러왔는데 그게 최근에 공식화되었어요. 저희 회사는 2022년에 공식적으로 스튜어드와 스튜어디스라는 명칭을 쓰지 않고 FA로 통합했어요.

미국을 비롯한 여러 나라에서는 오래전부터 FA로 바꿨고, 일본은 독특하게 객실cabin과 승무원Attendant을 합쳐 캐빈 어텐던트Cabin Attendant, CA로 부르고 있어요. 이 밖에도 나라에 따라 캐빈 크루cabin crew, 에어크루aircrew, 플라이트 크루flight crew라고 부르기도 해요.

(편) 승무원이라는 직업은 언제 생겨났나요?

(최) 승무원이라는 직업은 항공기의 역사과 맞물려있어요. 여객기에 승무원이 처음 탑승한 때는 1928년이었어요. 독일의 항공사 루프트한자가 객실에서 고객 서비스를 담당할 승무원으로 하인리히 쿠비아스라는 남자를 태웠죠. 당시에 항공 여행은 정말 귀한 일이었어요. 그래서 엄청나게 비싼 값을 치를 수 있는 귀족이나 사업가들이 항공 여행을 할 수 있었는데 여행하는 동안 고객들을 대상으로 서비스를 제공할 사람이 필요했던 거죠. 당시 유럽은 남자가 귀족들의 고급 서비스를 담당하는 게 전통이었다고 해요. 그러니 객실승무원이 남자인 건 너무나 당연한 일이었죠.

여자가 객실승무원으로 항공기에 탑승한 건 미국이 처음이었어요. 1930년 보잉항공수송회사_{Boeing Air Transport Co. 현재 유나이티드항공}에서 간호사였던 엘렌 처치를 객실승무원으로 채용한 게 시작이었죠. 엘렌 처치는 샌프란시스코 병원에서 간호사로 근무했는데 비행기 조종사가 되는 게 꿈이었어요. 여러 항공사에 문의도 하고 여러 번 요청했지만 모두 거절당했죠. 지금도 여성 조종사가 많지 않지만 당시에는 여자가 조종사가 된다는 건 꿈도 꿀 수 없는 일이었거든요. 그녀는 조종사가 될 수 없다면 다른 일을 통해서라도 비행하는 꿈을 이루겠다고 결심하고 보잉사를 찾아가 설득해요. 좁은 객실에서 긴 시간 동안 비행해야 하는 승객들이 건강에 이상을 보일 때 간호사인 자신이 잘 처리할 수 있으니 승무원으로 채용해달라는 거였죠. 엘렌 처치의 주장을 어느 정도 수긍한 회사가 그녀의 제안을 받아들여 단 1개월 동안 시범적으로 객실승무원을 운영하기로 결정해요. 사실 멀미 증상을 호소하는 승객, 고고도에서 일어나는 신체 변화로 불안감을 호소하는 승객들이 있어서 적절한 의료 조치를 취해 줄 간호사가 필요했거든요. 그래서 간호사 자격을 가진 여자로, '키 162cm 이하, 몸무게 52kg 이하, 나이 20~26세의 원만한 성격의 교양있는 독신 여성'의 조건을 충족시킨 여성 7명을 추가로 모집했어요. 당시에 키와 몸무게를 제한했던 건 항공기 크기가 작았기 때문이에요.

이렇게 8명의 승무원을 샌프란시스코와 시카고 노선에 시범적으로 투입했더니 상냥하고 친절한 승무원의 서비스에 승객들의 반응이 폭발적이었어요. 회사는 객실승무원 제도를 정식으로 도입했고, 뒤이어 미국 내에 있었던 20여 개 항공사가 모두 경쟁적으로 객실승무원을 두게 되었어요. 이 소식을 접한 유럽의 여러 항공사들도 앞다투어 여성을 객실승무원으로 채용했어요. 엘렌 처치가 최초의 여성 승무원이 된 지 불과 8년 만에 여승무원 제도가 자리를 잡은 거죠. 객실승무원에 대한 호칭도 다양했는데요. 유럽에서는 '에어 호스티스air hostess'라고 불렀고 미국과 일본은 '에어 걸air girl'이나 '안내원courier' 등으로 불렀어요. 간호사 출신의 여성들이 최초의 승무원이 되었기 때문에 초창기 승무원의 복장은 대부분 간호사와 비슷하게 흰색 가운을 입고 흰색 모자를 썼어요. 이 전통은 지금도 남아서 여러 항공사 승무원 유니폼에 간호사와 같은 모자가 포함되어 있죠.

Ⓟ 간호사 출신의 승무원이 탑승하면서 승무원의 역할이 변화한 건가요?

Ⓒ 그런 것 같아요. 유럽에서 승무원을 항공기에 태웠던 이유는 승객들의 식사 서비스 때문이었어요. 처음엔 한 명만 탑승했지만 나중에는 요리사를 비롯한 여러 사람들이 승무원으로 탑승했죠. 승무원에 대한 인식이 변한 건 간호사 출신의 엘렌 처치가 승무원이 되면서부터예요. 당시에 비행기를 타고 여행하는 건 지금 우주선을 타고 우주여행을 하는 것만큼이나 큰 도전이었어요. 안전에 대한 걱정이 있어서 그랬는지 간호사

출신의 승무원은 승객들에게 큰 만족을 주었어요. 사실 지금도 승무원의 가장 큰 역할이 승객의 안전을 지키는 거예요. 물론 시대가 변하면서 승무원의 역할에 조금씩 변화가 있었지만 승객의 안전을 최우선으로 하는 역할은 승무원의 가장 중요한 임무로 자리잡았죠.

편 시대에 따라 승무원의 역할이 달랐다는 건가요?

최 1930년대부터 지금까지 승무원의 역할은 조금씩 변해왔어요. 처음엔 승객의 건강을 체크하고 간단한 기내서비스를 제공했죠. 2차 세계대전이 일어나서 전시체제가 되었을 때는 간호사와 군인의 역할이 동시에 가능한 간호 장교가 승무원으로 탑승하기도 했어요. 현대적인 객실 서비스의 개념이 생긴 건 1950~1960년대였던 것 같아요. 평화로운 시기가 찾아왔고 항공 여행이 확대되면서 여객선이 가지는 서비스의 기능이 중요해졌어요. 그러면서 객실승무원이 여성의 직업으로 인식되기도 했죠.

ⓟ 우리나라에 승무원이라는 직업이 생긴 때는 언제인가요?

ⓜ 1937년에 '에야 껄air girl'을 모집했다는 〈조선일보〉 기사가 있었어요. 일본항공수송회사에서 객실승무원을 모집했는데 70여 명의 여성이 응모했다는 내용이었죠. 아마도 우리나라 최초의 승무원이 아닐까 생각해요. 하지만 정확한 내용은 알 수 없어요.

해방 후 1948년에 미국 노스웨스트 항공사에서 한국 여성을 승무원으로 채용하면서 '스튜어디스'라는 직업이 대중에게 소개되었어요. 탑승하는 한국인과 의사소통을 하기 위해 한국인 승무원을 채용한 거죠. 이후 한국 전쟁 중이던 1951년에 서울-광주, 서울-군산 노선을 운영하면서 여자 승무원 15명을 선발해 탑승했다고 해요. 당시 항공기 주요 고객이 UN 군들이어서 영어가 능숙한 여성들을 채용했다고 하네요.

우리나라에 객실승무원이 정식 직업이 된 것은 1962년이었어요. 국영 대한항공공사가 1기 객실승무원을 공개 모집해서 3명을 채용했죠. 당시에는 미혼에 영어와 제2외국어 능통자, 2년제 대학 이상 수료자로 용모가 단정하고 키가 160~165cm

여야 한다는 까다로운 채용 조건이 있었는데도 응시자가 꽤 많았다고 해요.

1969년 한진상사가 대한항공을 인수해 민영화되고 객실승무원의 채용이 늘었어요. 항공산업이 발전하면서 객실승무원의 수요가 늘자 1977년에 인하공업전문대학에 항공운항과가 생겼는데요. 객실승무원을 길러내는 최초의 전문교육기관이었죠. 하지만 1970년대까지만 해도 미혼 여성만이 승무원을 할 수 있어서 평균 근무 기간이 3년을 넘지 못했어요. 1978년에 기혼자도 근무할 수 있게 되었지만 결혼 후에도 승무원으로 일한 여성은 많지 않았죠.

근무 기간이 짧았던 이유는 항공사의 규정 때문이 아니라 당시의 사회적 분위기 때문이었어요. 여자는 결혼하면 직장생활을 하지 않는 것이 관례였던 시대였기에 기혼여성이 집을 비워가며 해외에 나간다는 것은 불가능한 일처럼 보였겠지요.

㉠ 과거의 승무원과 지금의 승무원은 어떤 차이가 있을까요?
㉡ 저는 1994년에 승무원으로 입사했는데요. 1989년에 여행자유화가 되면서 해외여행이 폭발적으로 증가할 때였어요. 국가의 허가를 받아서 여행하다가 자유롭게 여행이 가능하니까 여행객이 엄청나게 늘었죠. 그래서 항공사에서 승무원을 많이

뽑았어요. 아마도 이때부터 결혼한 여성이 퇴사하는 경우가 줄었던 것 같아요. 지금은 국내 항공사의 객실승무원 숫자가 1만 명이 넘고, 해외 항공사에 취업한 한국 승무원도 많아요.

편 요즘엔 예전과 달리 남자 승무원도 꽤 많이 볼 수 있어요. 남자 객실승무원은 언제부터 있었나요?

최 민간 항공이 되면서 남자 객실승무원도 뽑기 시작했어요. 처음에는 주업무가 정해져 있었고 무술 유단자들을 배치해 보안업무를 맡도록 했어요. 요즘엔 기본적으로 남녀 승무원은 동일한 업무를 담당하고 있어요. 여행객이 폭발적으로 늘어나던 시기에, 객실승무원 대다수가 여성이었기 때문에 남성 승무원이 배치된 경우 남성은 기내 면세품 판매나 무거운 물건을 들고 옮기는 일을 주로 맡기기도 했어요. 그렇게 하라는 지침이 있는 것도 아니었는데, 그때는 남성과 여성의 일이 다르다는 사회적 인식 때문에 업무 분장도 그렇게 했던 것 같아요. 그런데 지금은 달라요. 성별과 나이에 관계없이 어떤 업무라도 남들보다 더 잘할 수 있는 사람이 하는 추세라 할까요.

갑자기 생각나는 예를 들어 볼까요? 식사준비를 하면서 남성 승무원이 밥을 푸는 경우가 있는데요, 얼마 전에 한 남승무원이 손이 빨라서 몇 분 안에 30개 정도를 푸는 거예요. 너무 잘하니까 그 팀에서는 그 사람이 밥 푸는 일을 전담하기도 하고, 심지어 즐기는 것처럼 보였어요. 이렇게 요즘엔 남녀의 일이 따로 구분되지 않고 그 일을 잘하는 사람 위주로 업무를 배치한다거나 모두 비슷할 때는 균등하게 배분하려고 노력하죠. 보안도 마찬가지로 모든 승무원이 함께 맡고 있어요.

승무원은 항공기 보안요원 교육을 받는데요. 항공법에는 보안요원을 따로 둘 수 있다고 정해두고 있어요. 보안요원이 되려면 초기 8시간 교육을 받고 1년마다 2시간 실습을 포함해 최소 3시간 이상의 교육을 받으면 돼요. 보안요원은 필요한 조치를 취할 수 있는 사람으로 초창기에는 무기도 소지할 수 있었죠. 그런데 현재는 과거와 같은 개념의 보안요원을 따로 배치하지는 않고 있어요. 총기를 사용할 수 있는 코드를 부여하는 식으로 일정 인원이 비행기에 탈 수 있도록 유지하고 있고, 그 외에는 객실승무원 모두가 보안업무를 하는 보안요원의 개념이 있다고 보면 돼요. 물론 법적으로 정해진 관련 교육을 정기적으로 받아야 하는 조건으로요. 비행기 내에는 난동 부리는 승객에 대처하기 위한 장비가 여러 가지 준비되어 있어서 일이 발생했을 때 사용할 수 있어야 하거든요.

㉠ 예전에는 보안요원이 따로 배치되었군요.

ⓧ 예전에는 비행기 안에 보안요원이 꼭 탑승했었어요. 보안요원은 태권도, 유도 등의 무술 유단자들과 경찰 출신, 운동선수 출신들로 처음부터 그런 분들을 뽑았어요. 제가 기억하기로 1990년대 후반까지도 총기를 소지한 채 탑승했었어요. 일반적인 경우 실탄이 있는 총은 아니고 가스총 같은 것이었어요. 그러다 보안요원의 역할이 사라지면서 보안교육을 받은 남자 승무원이 그 역할을 대신하게 되었다가, 지금은 모든 승무원이 그 역할을 하는 거죠.

비행기 탑승에서
착륙까지 A to L

㉠ 비행기에 탑승하는 순간부터 이륙할 때까지 승무원의 업무를 알아볼 텐데요. 먼저 비행기에 탑승하기 전에 어떤 준비를 하는지부터 알고 싶어요.

㉡ 모든 비행 노선에서 승무원이 하는 기본적인 일은 같지만 장거리 노선이냐, 단거리 노선이냐에 따라 준비하는 시간은 차이가 있어요. 장시간 비행하는 국제선의 경우가 단시간 비행하는 국내선과 국제선의 경우보다 아무래도 준비하는 시간도 길고, 점검할 사항도 많아요. 여기서는 가장 많은 준비가 필요한 장거리 비행을 기준으로 설명할게요.

승무원의 공식적인 업무는 비행기가 이륙하기 2시간 전에 시작해요. 물론 취항지 정보 등의 학습량이 많은 데이터들은 출근 전날에 확인해야 하지만요. 한 팀이 된 모든 승무원은 사무장의 주관하에 객실 브리핑을 해요. 주 내용은 항공기 정보, 취항지 정보, 당일 탑승하는 주요 승객과 특별히 도움이 필요한 승객들의 명단, 승무원의 업무 분담, 제공되는 식음료 정보, 용모 및 휴대품 점검, 유의 사항 및 신규 업무 지식 등에 관한 지시사항을 숙지하고 있는지 확인하는 것이죠.

객실 브리핑이 공식적인 업무의 시작이지만 승무원은 그전에 항공기 기종과 취항지 정보 외에도, 국토부 강조사항이나 그때그때 강조되는 내용들을 알고 참석해야 해요. 특히 국토부의 점검은 생각보다 자주 있고, 상시로 혹은 불시에 이루어지는데요. 항공산업이 국가의 이미지나 경쟁력과 관련된 중요한 산업이라고 인식되기 때문에 더 관심을 받고 있어요. 그만큼 안전하고 믿을 수 있는 운송수단이라는 반증이라고도 할 수 있지요.

㉠ 객실 브리핑이 시작이 아니군요. 그럼 그전에 하는 일을 조금 더 구체적으로 알려주세요.

㉡ 엄밀히 따지면 비행 준비는 전날부터 시작해요. 사무장이 처음하는 일은 함께 탑승할 승무원 명단을 확인하고 업무를 골고루 배정하는 일이에요. 한 달 단위로 스케줄을 받으면서 승무원 명단도 함께 받는데요, 중간에 개인 사정이나 병가 등으로 언제든지 명단이 바뀔 수 있기 때문에 신경을 써야 하죠. 함께 일할 승무원은 매번 구성이 달라요. 자주 같이 다니는 승무원이 있는가 하면 처음 보는 승무원도 있고요. 승무원을 확인했으면 다음으로 객실에 구역별로 승무원을 배치할 일이 남았어요. 퍼스트 클래스가 운영될 경우 승무원 배치에 더 신경

을 쓰는 편인데요. 퍼스트 클래스의 고객들은 상용 고객들이 많아서 긴장감이 더하죠. 늘 퍼스트 클래스를 타는 고정 고객이라 탑승자 명단을 보면 상당수가 이름만 대면 알만한 분들이세요. 대체로 나이가 좀 있으시고 남성에 편중되어 있던 주 고객층이 요즘은 조금씩 바뀌는 추세랍니다. 특히 최근에는 젊은 분들도 많이 탑승하는데요, 연예인을 비롯해서 유튜버, SNS 인플루언서와 같은 사람들의 탑승이 늘고 있는 것이 흥미롭더군요.

저는 퍼스트 클래스를 담당할 승무원으로 경력이 좀 있고, 근무 평점이 높은 30대를 선호해요. 경력이 짧고 어린 승무원의 경우 퍼스트 클래스 승객을 너무 어려워해서 실수할 가능성이 높아요. 물론 사람을 대하는 일이라 모든 승객의 요구를 다 충족시킬 수는 없지만 최대한 실수를 적게 할 수 있는 승무원을 고르려고 애쓰고 있어요. 승무원은 인턴 사원부터 경력이 수십 년 된 베테랑까지 다양한 사람들이 탑승해요. 그러면 어느 한쪽에 치우치지 않게 승무원을 배치해야 하죠. 경력이 짧은 승무원 곁에 노련한 승무원을 배치해서 서비스의 밸런스를 맞추는 식이에요. 객실 배치가 끝나면 담당한 객실 업무 외에 다른 임무도 나눠요. 기내에는 여러 장비와 설치물들이 있어서 책임지고 점검하는 업무를 해야 하거든요. 이때 숙

달된 승무원에게 조금 더 일을 맡기고 인턴이나 경력이 짧은 승무원에게는 간단한 일을 맡겨요. 이렇게 승무원 업무분장까지 마치고 결과를 관련 시스템에 올려놓으면 객실 브리핑 준비가 끝나요. 다른 승무원은 사무장이 올려놓은 업무분장 내용을 확인하고 객실 브피핑에 참석하면 돼요.

ⓟ 객실 브리핑에서 제일 먼저 하는 일은 뭔가요?
ⓒ 비행 당일 객실 브리핑에서는 제일 먼저 승무원의 명단이 맞는지 확인해요. 밤사이에 병가를 낸 사람도 있고, 출근하다가 교통사고가 났다거나 특별한 일이 생겨서 결근을 하는 경우가 있어요. 전염병이 만연하던 시기에는 비행에도 영향이 많았어요. 수시로 명단이 바뀌었으니까요. 결원이 없으면 다음 사항을 점검하지만 결원이 있을 때는 대체 인력을 확보하든가, 그도 안 되면 결원이 있는 상태로 탑승할 상황이 되기도 해요.

ⓟ 대체 인력은 어떻게 확보하나요?
ⓒ 회사에서는 이럴 때를 대비해 일부 승무원에게 대기 임무를 주는데요. 대기는 공항 내 대기와 자택 대기가 있어요. 승무원은 한 달 스케줄을 받을 때 비행이 없는 날 공항 내 대기하

는 업무도 함께 배정받아요. 공항 내 대기도 두 가지인데요, 국제선 대기는 인천 공항이나 김포 공항에서 하고 국내선 대기는 김포 공항에서 하죠. 그날은 비행 준비를 하고 공항에 나와 대기실에 있다가 결원이 생긴 비행기에 탑승해요. 만약 그런 일이 없으면 대기 시간을 마치고 퇴근하고요. 자택 대기는 공항 내 대기보다 느슨한 형태로 늘 있는 건 아니에요. 기상 상황이 좋지 않다고 예상이 된다거나, 돌아와야 할 비행기가 연착되고 이러한 원인으로 어떤 일들이 연쇄적으로 일어나서 다음 비행을 준비할 인원이 모자랄 것이 예상될 때 회사에서 일시적으로 자택 대기를 배정해요. 이때는 공항 인근에 거주하는 승무원들에게 주로 연락이 가요. 김포 공항 주변에 거주하는 승무원과 인천 공항에 한 시간 내에 도착할 수 있는 거리에 사는 승무원들에게 배정되죠. 공항과 거리가 먼 곳에 사는 승무원에게는 자택 대기가 잘 배정되지 않아요.

만약 비행 전에 결원이 생겼을 때는 이렇게 공항 내 대기하는 승무원으로 대체하고, 그마저도 쉽지 않으면 결원이 생긴 채로 비행하는 경우도 있어요. 승객 수에 따른 법정 인원이 있으면 출발하는 데는 문제가 없거든요. 그리고 대부분은 법정 인원 이상의 승무원이 배치되기 때문에 한 명의 결원이 생겼다고 비행할 수 없는 건 아니에요. 다만 결원이 생기면 나머지 승무원이 한 명의 업무를 나눠서 해야 하니까 업무의 강도가 세져서 힘이 들죠.

㉠ 업무 배정을 한 다음 승무원의 용모와 휴대품을 점검하는 시간도 갖나요?

㉡ 브리핑 끝나고 따로 용모를 점검할 시간이 없기 때문에, '브리핑 참석 전 준비가 되어 있어야 한다'는 표현이 맞을 것 같네요. 필수 휴대품도 마찬가지고요. 한때 승무원들이 일렬로 서서 용모 점검을 받던 시절이 있던 것도 사실이지만, 그때의 분위기를 지금의 승무원에게 설명한다면 믿지 못할 것 같네요.^^

승무원 하면 항공사마다의 개성이 담긴 유니폼을 입은, 흐트러짐 없이 단정한 모습을 떠올리실 거예요. 승무원의 용모에서 가장 중요한 것은 단정함과 자연스러움이에요. 그리고 깔끔함이겠죠. 제일 중요한 유니폼의 착용 상태부터 머리, 손톱, 악세서리, 신발 등에 대한 여러 규정이 있지만 결국은 단정하고, 적절하게 긴장감을 유지한 모습으로 조화를 이루어야 한다는 거예요. 승무원은 자신의 개성을 드러내는 직업이 아니라 서비스 직종이기 때문이에요. 객실 서비스를 하는데 불편하지 않고, 승객들에게 거부감을 주지 않는 게 중요하죠. 대부분의 승무원이 규정을 잘 지키지만 혹시 실수로 정돈되지 않은 부분은 없는지 점검하는 시간을 가져요. 점검한다고 하면 강제적으로 검사하고 지적하는 걸로 생각할지도 모르겠네요. 그냥 서로 봐주고 알려준다? 정도로 생각하면 될 것 같아요.

편 그리고 또 승무원이 챙겨야 할 것들이 있나요?

최 항공기 출항에 필수적인 서류를 받아 가야 하는 업무도 빼놓을 수가 없겠네요. 승무원이 업무에 사용하기 위해 준비되는 서류와는 별도로, 승객들의 입국에 필요한 입국서류 등도 승무원이 확인해야 하죠. 요즘엔 서류가 점차 간소해지는 추세고, 비행에 필요한 웬만한 물품은 기내에 모두 비치되어 있기 때문에 승무원이 따로 준비할 것들은 점점 줄어들고 있어요. 덕분에 가방도 많이 가벼워졌어요.

추가된 것이 딱 하나 있네요. 바로 회사에서 지급한 휴대기기테블릿 PC요. 원칙적으로 서류작업이 필요없는Paperless Environment환경에서 근무하다 보니, 기기의 도움을 많이 받고 유용하게 쓰고 있지만, 이를 분실하면 업무에 지장을 많이 받으니까 잘 관리해야죠. 이 안에 모든 정보가 다 있으니까 이건 필수품이죠. 그래서 요즘엔 비행기에 화장품은 놓고 내려도 태블릿 PC는 꼭 챙겨요. 그리고 가끔 밥주걱이나 와인 포일 커터알루미늄 커버 제거 도구를 개인 물품으로 소지하는 승무원이 있어요. 집에서 써보니 편하다고 가져오는 거예요. 조금 의외이고 우스꽝스러운 모습이라 생각할 수도 있는데, 현장에 있는 승무원들은 모두 그 마음을 이해하죠. 비행기에 비치된 물품은 아무래도 유행을 따라잡는 데 한계가 있는데 '써보니 편하다'는 입소문은 정말 빨리 퍼지죠. 새로운 디자인의 밥주걱을 가져온 승무원이 자신 있게 "오늘 밥은 내가 푼다!"고 얘기하면 다 같이 웃는 식이죠. 이 얘기 쓴 것 알면 후배들한테 혼날 텐데? 일종의 들키고 싶지 않은 영업비밀 같은 거네요.^^

그리고 개인 휴대품을 한 번 더 점검하는 시간을 가져요. 보안이 강화돼서 승무원도 일반 승객과 마찬가지로 액체류나 칼 같은 것들은 가져갈 수 없어요. 반드시 위탁 수하물로 부쳐야 하죠. 가끔 개인 휴대품으로 눈썹 다듬는 칼이나 가위, 침 같은 것들을 무심코 가져왔다가 검색대에서 발견되는 경우가 있어요. 그런 때는 모두 그 자리에서 폐기해야 하는데 승무원으로서 조금 창피하죠. 그래서 그런 일이 없도록 미리 자신의 휴대품을 한 번 더 정리하는 시간을 가진다고 생각하시면 될 것 같아요.

㉠ 비행 중 유의 사항과 신규 업무 지식은 어떻게 전달하나요?

㉡ 저희 회사 승무원은 회사에서 지급한 개인 태블릿 PC를 모두 가지고 있어요. 비행에 필요한 정보와 교육 자료 등등 회사 생활에 필요한 모든 정보와 전달 사항이 모두 태블릿 PC를 통해 이루어지죠. 비행 전에 비행 중 유의 사항과 신규 업무 지식이 업데이트되어 있어서 브리핑 시간에는 팀원들과 그 정보를 확인하는 시간을 가져요. 당연히 모든 승무원이 업데이트된 정보를 확인하고 오지만 간혹 변경된 정보를 보지 못하고 참여하는 경우가 있어요. 무엇을 업데이트했으니 확인하라는 메시지는 긴급한 내용을 제외하고는 없는 편이어서 일일이 정보를 찾아 확인해야 하는데 실수로 놓치는 경우도 있으니까요.

만약에 승무원이 새로 올라온 정보를 확인하지 않고 비행에 임한다면 문제가 생길 수 있어요. 예를 들어 어느 취항지가 입국자에게 받던 종이 서류를 없앴다는 변화가 있는데, 승무원이 미처 확인하지 않고 승객들에게 입국 서류를 쓰라고 안내하면 큰 실수를 하는 거예요. 그래서 저는 먼저 승무원들에게 업데이트된 정보를 확인했는지 물어보고, 오늘 취항지에 필요한 서류가 무엇인지, 변화된 상황은 없는지 등도 물어봐요. 일

방적으로 새로운 정보는 뭐라고 얘기하는 것보다 질문하는 게 더 효과적이더라고요. 그래서 승무원들이 확인한 사항을 얘기하도록 유도하죠. 변화가 없는 취항지라면 문제가 없지만 변동 사항이 있는 곳이라면 승객들에게 실수할 수 있는 부분을 미리 방지하기 위해 필요한 절차예요. 이 시간은 팀원들도 살짝 긴장하지만 저도 긴장되는 순간이에요. 만약 제가 최신 정보를 확인하지 않고 예전의 경험치로 얘기하면 안 되잖아요. 사무장으로서 가져야 할 권위와 신뢰감이 떨어지니까 저도 철저하게 준비해요. 그런데 사실 회사에서 제공하는 정보가 엄청나게 많아요. 그래서 혹시 확인하지 못한 것은 없는지 늘 신경써야 해요.

㉠ 주로 어떤 변화를 확인해야 하나요?

㉡ 혹시 무비자 입국이라고 들어보셨나요? 비자^{visa}는 국가가 외국인에 대해 입국을 허가하는 증명서로 '사증' 또는 '입국사증'이라고도 해요. 국가 간 이동을 위해서는 원칙적으로 비자가 필요해요. 비자는 상대국 대사관이나 영사관을 방문해 방문 국가가 요청하는 서류를 내고 사증 수수료를 지불하고 받아요. 경우에 따라서는 인터뷰도 거치고요. 그런데 국가 간 교류가 활발해지고 사람들이 많이 이동하면서 여러 국가에서 번

거로운 절차를 줄이기 위해 비자를 발급받지 않아도 출입국을 가능하게 하는 사증면제제도를 시행하고 있어요. 국가 간에 상호 협정을 맺거나 상호 조치에 의해 무비자이거나 도착지에서 바로 비자를 받아 여행할 수 있는 거예요. 여권만 있으면 입출국할 수 있으니 정말 편리하죠.

그런데 문제는 무비자로 여행할 수 없는 국가들이 있다는 거예요. 또 전에는 무비자였는데 상황이 변해서 비자가 있어야 하는 경우도 있고요. 이럴 때 비자 없이 탑승한 승객들이 있다면 도착지에서 입국 거부를 당할 수 있어요. 그리고 국가에 따라서 특정 질병에 대한 예방접종증명서를 요구할 수 있어요. 특히 아프리카에 있는 나라를 방문하는 여행객이라면 방문하는 국가가 '황열예방접종증명서'를 요구하는지 꼭 확인해야 해요. 코로나19가 전 세계에 유행이었을 때 거의 모든 국가에서

17년 인천공항 2청사
완공 전 1청사

코로나 백신접종 증명서가 없는 여행객의 입국을 제한했어요. 이 외에도 코로나 PCR 음성 결과지 등 여러 서류를 제출하라는 국가도 있었고요.

(편) 취항지 정보를 알아서 승객들에게 안내하는 것도 의무인가요?

(최) 네. 그래서 승무원은 이렇게 변화하는 상황에 따라 도착하는 국가가 어떤 서류를 요구하는지 꼭 확인해야 해요. 물론 필요한 서류를 준비해야 할 사람은 고객이에요. 서류를 준비하지 못해서 입국 거부를 당하는 책임도 고객에게 있죠. 그렇지만 항공사에서는 이런 고객들이 없도록 탑승수속을 할 때 구비 서류를 갖췄는지 체크해요. 그리고 기내에서도 승무원이 도착하는 국가의 입국 절차에 필요한 서류는 어떤 것이 있는지 알리죠. 궁금한 점을 물어보시면 대답하고요.

저희가 이렇게 안내하면 중국으로 단체 여행하는 분들 같은 경우는 비자를 받은 적이 없다며 걱정하세요. 그럼 여행사에서 단체 비자를 받았을 테니 걱정하지 마시라고 안심시켜드리죠. 한번은 미국으로 가는 여객기 안에서 비자를 받지 않고 오셨다고 당황한 손님이 있었어요. 미국은 비자가 없으면 입국 거절되는데요, 요즘엔 인터넷으로 비자를 쉽게 받을 수 있어요. 공항 입국심사대에 가기 전까지만 비자를 받으면 아무 문제가 없다고 안내해드렸죠. 그래도 가끔 입국 심사를 통과하지 못하고 한국으로 돌아가는 비행기를 다시 타는 고객들이 있어요.

B. 비행기 출발 1시간 10분 전 합동 브리핑

편 객실승무원의 브리핑을 마치면 다음으로 하는 일은 무엇인가요?

최 객실승무원만 참여하는 브리핑이 끝나면 운항승무원과 합동 브리핑을 해요. 이때는 기장의 주관하에 기본적인 정보를 공유해요. 출도착 시간, 항로, 비행고도, 탑승객과 화물의 예약 현황과 같은 기본적인 사항을 확인하고 기상 정보도 공유하죠. 출도착 시간은 정해져 있는데 왜 공유하냐고 궁금하실 거예요. 탑승객에게 알려진 출도착 시간과 운항할 때의 출도착 시간은 조금 달라요. 공항 사정에 따라 출발과 도착 시 배정받는 시간이 있거든요. 승객이 탑승한 때로부터 이륙하는 시간이 큰 차이가 없다면 문제가 되지 않는데 이륙할 때까지 오래 대기해야 할 때도 있어요. 앞에 여러 대를 보내고 가야 하니까요. 그럴 때 승객들이 왜 이렇게 빨리 안 가느냐고 묻기도 해요. 승무원은 합동 브리핑 때 출발 가능한 시간을 들었기 때문에 차분하게 대응하죠.

그리고 기상 정보는 너무 중요해요. 태풍을 뚫고 가야 한다거나 터뷸런스 구간을 지난다거나, 적란운을 만날 수 있다는 정보는 기상 예보를 통해 어느 정도 운항 기상예보를 통해 알 수 있는데요. 운항승무원은 대략 언제부터 언제까지 태풍이 지나갈 거라는 등의 얘기를 해주고 승무원이 대비할 수 있도록 해요. 터뷸런스^{turbulence}는 기체가 흔들리는^{Turbulent}현상 혹은 구역을 뜻해요. 항공 용어로는 항공기가 비행 중 난류 등의 이유로 기체가 심하게 흔들리는 것을 말해요. 예측 가능한 것은 브리핑 때 비행 시간으로 몇 시간대에서 몇 분 정도 터뷸런스 구간이 있을 거라고 공유하지만 갑자기 나타나는 수가 있어서 조심해야 할 항목이죠. 항공사마다 제공되는 기내식의 종류에 차이가 있는데, 한식 특성상 국이나 라면을 제공해야 하는 국내 항공사의 경우 터뷸런스 정보는 더 중요해요. 뜨거운 커피도 마찬가지고요. (비행기에서 뜨거운 음료를 드실 때는 큰 용기보다 작은 용기에 여러 번 나누어 요청하시길 권해드립니다~) 예보에 없는데 갑자기 크게 요동치는 터뷸런스를 C.A.T.^{Clear Air Turbulence}라고 해요. C.A.T.는 누구도 예측할 수 없고, 승객이나 승무원이 크게 다치는 사례도 있었기 때문에, 기상이 평온한 비행이라도 승객들에게 좌석벨트는 가급적 매고 계시라고 안내한답니다.

또 적란운^{積亂雲, cumulonimbus cloud}은 수직으로 높이 치솟아 있어서 산이나 탑처럼 보이는 구름인데요. 소세지가 주렁주렁

하늘에서 바라본 크로아티아

안전하고 편안한 비행의 동반자
승무원

말려서 올라가는 것처럼 생겼고, 강한 소나기와 천둥 번개를 동반해요. 태풍, 낙뢰^{번개}, 적란운 등을 만나면 기체가 심하게 흔들리기 때문에 이 시간대를 기억해 두었다가 객실 서비스를 조정해야 해요. 승무원은 구름 모양에도 민감한데 비교적 편평하고 희고 옅은 구름을 선호한답니다. 없으면 더 좋고요.

그리고 운항승무원은 도착지 공항 정보도 얘기해 주세요. 어느 공항은 해안가에 있고, 산을 넘어갔다가 들어와야 하는 구조라든가, 고산지대에 있는 공항이라 가깝게 보이지만 고도가 굉장히 높다든가, 도착지 공항의 구조가 취약하고 활주로가 울퉁불퉁하다거나 하는 정보죠. 이런 경우는 착륙할 때 부드럽게 하지 못하고 우당탕탕 튕기는 느낌이 들 수 있으니 승객들이 지상에서 특히 움직이지 못하게 하고 열린 곳이 없도록 잘 잠가놓고 앉아있어야 한다는 뜻으로 풀이될 수 있어요. 어떤 공항은 비행 시간은 한 시간 거리인데 착륙 후 공항청사까지 가는 과정에 30분이 소요되기도 하는 등의, 중요하고 유용한 정보를 나눠요. (그런 나라에 가보신다면 '정말 우리나라는 좋은 나라야'하고 저절로 애국심이 솟는다니까요.) 혹은 당일 이착륙하는 비행기들이 몰려있어서 아마 길게는 1시간 정도 지연될 거라는 정보도 미리 공유해 주시죠.

(편) 합동 브리핑에서 전달받은 정보가 승무원의 일에 영향을 미치나요?

(최) 기상 정보는 정말 중요하죠. 미리 알고 있으면 안전 사고가 일어나지 않도록 대비할 수 있으니까요. 그리고 출발이 지연된다는 정보도 꽤 유용해요. 승무원은 비행기 이륙 시간에 맞춰 식사 준비를 해요. 따뜻하게 먹어야 맛있는 음식은 데우는 시간이 필요하니까 이륙 시간을 정확히 알면 그에 맞춰 준비를 하거든요. 특히 스테이크 같은 경우는 조리 시간이 15~20분 정도 걸려요. 그런데 너무 빨리 조리를 시작하면 미디움이 안 되고 웰던이 되고, 딱딱해져서 맛이 없어요. 밥도 마찬가지고요. 그래서 이륙이 30분, 1시간 이렇게 지연될 것 같

다는 정보를 들으면 그에 맞게 음식을 준비할 수 있어요.

편 공유한 내용에서 어긋나는 일이 발생하면 어떻게 대처하나요?

최 기장님들은 자상하고 친절하게 정확한 정보를 주시려고 애를 쓰세요. 그런데 현장 상황이 급변해서 브리핑 때 공유한 정보와 맞지 않는 일이 가끔 발생하죠. 그럴 땐 객실승무원들에게 미안해하시고 그러는데 어쩌겠어요. 주어진 상황에 맞게 최선을 다하는 거죠.^^ 이렇게 합동 브리핑은 10분 정도 하고요, 끝나면 바로 모든 승무원이 비행기에 탑승해서 다음 일을 해요.

편 승무원이 미리 비행기에 탑승해서 점검해야 할 것들은 무엇이 있나요?

최 비행기에 탑승하자마자 저는 비행기 안에 있는 캐빈 로그 Cabin Log라는 걸 봐요. 모든 비행기는 숫자로 되어있는 고유 이름이 있고, 비행기가 처음 비행했을 때부터 지금까지 어떤 정비를 받았다는 이력을 기록하는 기록장이 있어요. 간호사들이 환자를 돌볼 때 차트를 찾아 보는 것과 같아요. 이건 저만 보는 건 아니고요, 운항승무원도 보고 정비사도 보죠. 심지어 그 비행기가 다른 항공사에 매각된다면 캐빈 로그도 함께 따라가죠. 조종과 관련된 차트는 조종실에 있고, 객실 관련 차트는 객실에 있어서 저는 객실 것만 봐요. 거기에는 어떤 결함이 있어서 언제 정비를 받았다, 화장실 냄새가 너무 심했다, 벌레가 나왔다, 몇 번 좌석에 비디오가 안 나온 적이 있다, 몇 번 좌석의 전등이 나갔다, 심지어 쥬스가 묻어 닦아냈다는 등등 이렇게 세세한 것들도 적혀있어요. 두꺼운 책자 형태라 과거 이력을 모두 살필 수는 없고, 직전 비행 때 어떤 일이 있었는지부터 역순으로 보는 식이에요. 직전 비행에서 문제가 되었던 것이 있었다면 저는 기내 방송을 통해 각자의 업무를 하고 있는 승무원들에게 어디어디 무엇무엇을 확인해 보라고 알려줘요. 제가 로그를 살피고 있는 동안 승무원들은 재빠르게 신발 갈아신고 짐 정리하고 있어요. 다 같이 모여 의논하고 할 시간이 없는 경우가 많아 주로 방송으로 정보를 전달하고, 승무원들은 방송을 들으면서 각자의 일을 하는 거예요. 각자의 담당 구역에서 정비나 객실 상태를 확인하고 이상이 있으면 보고하는 체계가 있고요. 해당부서 조업원을 불러 조치해야 하는 일도 있어요. 주로 객실 정비사나 청소 조업원의 도움을 청하는 사례가 많아요. 혼자 해결할 수 있는 것은 물론 혼자 해결을 하고요.

㉠ 승무원이 탑승할 때 기내에는 아무도 없고 완전히 정리되어 있는 건가요?

㉡ 그러면 가장 좋지만 직전 비행에서 약간의 문제가 있어서 그걸 해결하기 위해 정비 직원들이 한두 명 있을 때가 있어요. 이것까지도 괜찮아요. 그런데 승무원이 들어갔는데 정비 직원이 여럿 모여 있다, 이러면 문제가 심각한 거예요. 그럴 일은 많이 없지만 가끔 정비가 빨리 끝나지 않을 때는 승객 탑승이 지연되기도 하죠.

ⓟ 기내에 점검해야 할 것들은 무엇이 있나요?

ⓒ 비행기 안에는 화재진압장비를 비롯해, 환자가 발생했을 때 처치할 수 있는 의료장비, 승객이 난동을 부릴 때 포박할 수 있는 장비와 테이저건을 포함한 보안장비 등 여러 비상 장비들이 있어요. 그것들은 모두 정해진 자리가 있어서 승무원이 가서 그 자리에 장비가 있는지 확인해요. 전자제품들의 배터리 잔량이 충분한지 확인하면 되고요. 또 산소통 잔량도 반드시 확인해야 하죠. 산소통은 의외로 사용 빈도가 높아요. 고산병이 있거나, 여러 가지 원인으로 갑자기 숨을 못 쉬는 분들이 꽤 있거든요.

물품을 점검할 때 주의해야 할 게 있어요. 의료장비 같은 경우는 전 비행에서 썼다고 하면 품목을 다시 채워 놓거나, 무엇을 썼다고 표시를 해놓아요. 그러면 밀봉 상태나 승무원이 아는 표식을 확인하면 돼요. 그런데 밀봉 상태가 완벽하지 않고 흐트러져 있다거나 승무원이 사용하는 표식이 아닌 다른 표식이 있다면 건드리지 말고 지체 없이 운송팀을 불러서 다른 이상은 없는지 확인해야 해요. 특히 심실 제세동기 같은 경우는 사용빈도가 낮더라도 배터리가 자동 소모되어 있지는 않은지 꼭 확인해야죠. 사람의 생명과 직접 관련된 장비니까요.

또 장애인들이 좁은 통로를 이동하기 위해 특별히 고안된

비행기 내부 전경

휠체어, 전원이 나갔을 때 방송 대신 사용할 메가폰, 비행 중 필요한 기내 용품의 수량 및 탑재 여부도 확인해요. 손님들에게 제공할 서비스의 모든 물품을 점검하는 건데요. 예를 들어 급수 탱크를 담당한다면 탱크에 물이 몇 퍼센트 있는지 확인해요. 단거리 비행일 때는 50%만 있어도 괜찮지만 장거리 비행일 때는 90~100%까지 채우고 가기도 해요. 비행 시간에 따라 정해진 기준을 보고 판단하죠. 또 오물 탱크는 비워져 있는지, 화장실 비품은 넉넉한지, 승객 서비스를 위한 담요와 이어폰 등의 물품은 필요한 수만큼 준비되어 있는지, 기내식 수는 정확하게 왔는지 등을 점검하죠. 기내식은 손님 수에 딱 맞게 들어오면 안 되고 그보다 더 여유있게 준비되어야 해요.

이렇게 승객이 탑승하기 전 20~30분 동안 승무원은 기내 여러 시설과 장비, 승객들이 사용할 물품 등 점검할 게 많답니다.

편 이륙 전에 점검할 사항이 많군요. 점검이 끝나면 그다음엔 무엇을 하나요?

최 승무원들이 각자 맡은 구역에서 각종 장비와 물품 점검을 끝내면 저에게 이상이 없다거나, 어디가 이상이 있으니 다시 점검해야 한다거나 하는 내용을 보고해요. 이상이 없다면 저는 기내식, 청소, 정비 등 다른 부서의 담당자들이 내민 확인서에 사인을 해요. 기본이 2개, 많을 때는 여섯 번 정도의 사인을 하는 것 같아요. 그런데 가끔 제가 담당자들을 피할 때가 있어요. 기내에 딱 들어갔는데 정갈한 느낌이 아니고 뭔가 어수선하고 정리가 덜 된 느낌이 들 때가 있어요. 이런 날은 저희 팀원들이 기내를 충분히 살펴볼 시간을 벌어주기 위해 담당자들을 피해 다녀요.

비행을 시작할 팀이 기내 점검을 할 때 유실물은 나오지 않아야 하는데, 가끔 전편 손님이 놓고 내린 옷가지나 안경 같은 물건들이 구석에 있다가 나올 때가 있어요. 여기까지는 사람이 하는 일이라 조금씩 실수할 수 있다고 생각해요. 그런데 나와서는 안 되는 물건들이 있어요. 전자기기인데요. 만약 휴대폰이나 노트북과 같은 전자기기가 발견되면 즉시 운송 직원을 불러야 해요. 외부에서 들어온 모든 전자기기는 보안에 취약하다고 보기 때문에 큰 문제가 돼요.

그리고 액체류도 마찬가지예요. 만약 전편 손님이 기내에서 면세 화장품을 샀는데 놓고 내렸어요. 손님에게는 그냥 면세품일 뿐인데 저희 입장에서는 그렇게 단순한 문제가 아니에요. 이건 전편 객실팀에서 보안점검을 소홀히 한 것으로 보고서를 써야 하는 심각한 문제죠.

문제는 그뿐만이 아니에요. 이런 물건이 발견되면 다시 보안점검을 해서 문제가 없다는 확답을 받아야 탑승 준비를 할 수 있어요. 시간이 여유가 있을 때는 괜찮지만 탑승 전까지 문제가 해결되지 않을 것 같을 때는 탑승구에 연락해서 5분이나 10분 시간을 달라고 해요. 미리 연락하지 않으면 밖에서는 모르고 손님들이 벌써 줄을 서서 탑승 준비를 하시니까요. 탑승 시간이 좀 지연돼도 비행기 문 닫는 시간만 지키면 문제 되지 않으니까 급할 때는 이렇게 시간을 쪼개서 쓰죠.

편 주어진 시간은 짧은데 점검할 것은 많네요.

최 비행기 이륙 준비하면서 승무원은 짧은 시간에 엄청 바쁘게 움직여요. 기내는 뛰어다닐 공간이 없는데도 승무원들은 막 뛰어요. 급하게 뛰다가 의자에 부딪히는 일도 자주 있어요. 그래서 승무원들 정강이가 멍들어 있을 때가 많아요. 저도 팀원들에게 뛰지 말라고 하는데 말은 그렇게 하면서 정작 저도 뛸 때가 많아요.^^ 이렇게 모든 점검을 마치고 승객들의 탑승이 시작되기 전에 팀원들에게 물 한 잔 마시자고 해요. 땀도 닦고 호흡도 가다듬고 승객을 환영하는 우아한 음악도 틀고 아까와는 다르게 평온한 모습으로 온화한 미소를 장착하죠.

⑨ 승객의 탑승이 시작되었어요. 이때 승무원이 주로 하는 일은 무엇인가요?

㉲ 승객이 탑승하기 시작하면 승무원은 온화하고 밝은 미소로 승객을 맞이하면서 좌석을 안내하죠. 승객이 다 탑승하면 돌아다니면서 나와 있어서는 안 되는 짐은 없는지 등을 확인하고요.

⑨ 승객이 탑승하고 좌석이 정리되면 승무원이 비상구에 옆에 앉은 고객을 찾아가 얘기하는 것을 본 적이 있어요. 이유가 뭔가요?

㉲ 비행기에는 비상구 좌석이 있어요. 좌석 앞에 넉넉한 공간이 있어서 승객들이 선호하는 자리죠. 이 좌석은 발권 카운터에서 승객을 보고 배정해주거나 요청하는 승객에게 배정하는데 일정한 자격 요건이 필요해요. 간혹 승객이 다 타셨는데 비어있으면 몸이 좀 불편한 분들이 비상구 좌석으로 옮겨달라고 요청하는 경우가 있어요. 거절하면 불평을 하시는데요, 비상구 좌석에 배정되는 기준이 충족되어야 하기 때문이라고 잘 설명

해드리죠. 비상구 좌석에 앉는 승객은 신체가 건강해서 탈출 시에 남을 도와줄 수 있는 사람, 승무원의 지시를 이해하고 이에 따라 뭔가 도와줄 수 있는 사람이어야 해요. 그리고 비상구 좌석에 앉은 승객에게 이륙하기 전에 승무원이 가서 비상시 승무원을 도와 협조해 주실 수 있냐고 묻게 되어있어요. 이때 승객이 장난으로라도 '아니오'하고 대답하면 그 자리에서 다른 승객으로 바꿔야 해요. 비상구 규정은 엄격하게 지켜야 하거든요. 재미있는 건 비상구에 노인이나 임산부가 배정되어도 규정에는 문제가 없다는 거예요. 15세 이상이라는 연령 하한은 있어도 상한은 없어요. 그리고 임산부라서 신체활동에 제약을 받을 거라고 생각하지 않는 거죠. 승객이 확정되면 그림으로 된 설명서를 드려요. 이때 승객은 한국어나 영어 등 의사소통이 가능한 언어를 구사할 수 있어야 하고 만 15세 이상이어야 해요. 한 번은 외국인이 앉았는데 15세 미만이었어요. 나이 가늠이 안 돼서 잘못 배정되었고 다른 분으로 즉시 바꿨죠.

편 애완동물과 함께 탑승하는 사람들이 있던데요.
최 요즘에는 애완동물과 함께 탑승하는 승객이 늘고 있어요. 동반 가능한 동물은 애완용 개, 고양이, 새뿐이에요. 거기에도 이유가 있는데요. 애완용으로 많이 키우는 햄스터가 기내에서 없어졌다고 생각해보세요. 잃어버렸을 때 찾기도 힘들겠지만, 그 아이가 스트레스를 받아서 중요한 전선을 갉아 먹었다면 요? 생각만 해도 아찔하죠? 그리고 애완동물이 7kg 이하라면 기내 탑승이 가능하고 그 이상은 수하물 칸에 가야 해요. 크기 가 작아도 훈련이 부족해 계속 짖어댄다면 부득이 화물칸으로 가야하고요. 애완동물은 반드시 잠금장치가 있는 케이지 안에 있어야 기내로 들어올 수 있는데 예외 규정이 있어요. 장애 고 객 안내견/보조견과 감성 보조 동물은 케이지 없이 승객과 함 께 기내에 탑승이 가능해요. 물론 적절한 훈련이 공인된 인증 서와 하네스는 꼭 챙겨야 하죠. 훈련받은 안내견은 비행 내내 한 자리에 앉아서 물도 밥도 먹지 않고 참아요. 굉장히 잘 견뎌 서 저희가 보기에는 대견하기도 하고 안쓰럽기도 해요. 그런데 이 규정을 모르는 승객 중에 "우리 애는 답답하게 케이지에 있 는데 왜 저 개는 밖에 있냐"고 항의하는 분도 있고, 알레르기가 있어서 고통스럽다고 호소하는 분도 있어서 안타깝죠.

㉠ 모든 승객이 탑승하고 제자리에 앉았어요. 그다음 절차는 뭔가요?

㉡ 기내가 다 정돈되고 나면 저는 기장님께 탑승 완료되었다 고 보고하고 기장님이 확인하기를 기다리죠.

MIND YOUR HEAD

열림
OPEN

비행기 내부 전경

ⓟ 탑승 준비가 끝나면 이제 출발인가요?

ⓜ 운항승무원이 종합통제로부터 받은 정보와 탑승객 수 등 객실의 정보가 일치하는지 확인을 끝내면 이제 비행기 문을 닫아요. 비행기 운항에서 문을 닫는 건 중요한 의미예요. 문이 열리고 닫히고에 따라 적용받는 법률이 다르고, 지켜야 할 것이 많거든요. 항공법에는 비행기 탑승 선에 대한 규정이 있어요. 그 선은 비행기 문턱인데요, 그 선을 넘으면 적용되는 엄격한 규정이 따로 있어요. 일단 문을 닫으면 탑승객은 원칙적으로 비행기에서 내리는 건 불가해요. 예외 규정은 있어요. 예를 들어 공황장애를 가진 분이 탑승할 경우 좁은 통로로 진입할 때 발작이 일어날 수 있어요. 저희는 탑승구에서 고객을 관찰하다가 공황장애 증상이 있는 승객을 발견하는 즉시 다가가서 안심시켜드리고 진정할 시간을 드려요. 미처 발견하지 못했는데 비행기에 타자마자 발작이 일어나서 뛰쳐나오는 고객도 있어요. 이럴 땐 진정되기를 기다렸다가 탑승을 도와드려요. 하지만 탑승이 시작되었는데 선을 넘어갔다가 나온 고객이 있는 경우 예외 없이 보고서를 써야 하죠. 어떤 승객이 몇 발자

국 걸었을 때 증상이 나타나 어떤 승무원이 데리고 나갔다 등 등 아주 상세한 보고서를 쓰게 되어있어요. 그러니 선을 넘는다는 건 승무원 입장에서는 굉장히 큰일이죠.

항공기에 일단 진입했다가 내리는 승객이 있는 경우, 그 승객의 동선을 계속 추적할 수 없는 경우, 이미 탑승해 있던 모든 승객과 휴대 수하물은 하기되고 보안검색 후 재탑승을 시작해야 하죠. 이런 경우 지연될 가능성이 높고요. 그래도 문을 닫기 전에 승객이 못 갈 것 같다고 하시는 경우는 상대적으로 수월한 편이에요. 문을 일단 닫았다가 하기 의사를 밝히는 승객이 있는 경우, 훨씬 복잡하고 많은 어려움이 있어요.

편 보안 문제로 그런 건가요?

최 9.11테러 이후 항공기에 대한 보안이 강화되었어요. 가장 큰 변화는 무기로 사용될 가능성이 있는 물품에 대한 반입금지 조치죠. 항공기를 이용해 여행을 계획하고 있다면 반드시 반입 금지된 물품을 확인해야 해요. 잘 모르고 반입금지 물품을 수하물에 넣었을 때 빨리 발견하면 문제가 없지만 탑승이 완료된 후에 발견되면 항공기 이륙 절차가 중단되고 모든 수하물을 재검사할 수도 있어요. 검사가 끝나고 이상이 없다는 게 확인될 때까지 탑승객은 기내에 머물러 있어야 하니까 여러 가지로 문제가 되죠.

그리고 몇 년 전에 아이돌 팬들 때문에 문제가 된 적이 있어요. 좋아하는 아이돌이 해외로 나갈 때 팬들이 항공권을 끊어서 비행기 안까지 들어와요. 그렇게 사진을 찍고는 비행기가 이륙하기 전에 내려서 표를 환불하는 거예요. 당시까지만 해도 탑승했다가 내리는 승객에 대한 제재가 강하지 않았고, 비행기 이륙 전이라 환불이 가능했거든요. 그런 일이 있고 나서 보안이 더 강화돼 항공권을 가지고 탑승장까지 온 경우 환불할 수 없게 되었어요. 그리고 더 큰 문제는 이런 팬들이 항공기 안으로 들어왔다가 나간 경우 보안 규정에 따라 모든 탑승객을 내보낸 후 객실 점검을 다시 해야 한다는 거예요. 비행기 안으로 진입했다가 나간 사람이 무슨 의도였든 뭘 숨겼을 수도 있는 상황이라 객실 검색이 끝난 후 승객이 다시 탑승해야 해요. 그게 워칙이에요.

㉠ 비행기 문턱의 안과 밖에 적용되는 법률이 다르다는 것은 무슨 의미인가요?

㉢ 우리나라 항공기가 미국 땅에 있더라도 비행기 문턱 안은 미국법이 아니라 국내법 적용을 받아요. 이걸 잘 모르시는 분들이 코로나19 사태가 났을 때 항의를 많이 하셨어요. 당시 우

리나라는 마스크 착용이 의무였고, 미국은 빨리 해제되었죠. 그때 미국에서 출발하는 우리나라 항공기에 탑승하는 승객은 반드시 마스크를 써야 했어요. 저희가 탑승하는 승객들에게 마스크를 쓰는 게 의무라고 말씀드리고 착용하지 않으면 탑승할 수 없다고 안내를 했어요. 그런데 아직 미국 땅이고, 자신들은 미국인인데 왜 대한민국 법을 따라야 하냐고 따지는 분들이 있어서 실랑이를 많이 했었죠. 국제항공법에 따르면 대한민국 항공기는 국내법을 따르니까 문턱을 넘으면 대한민국이라고 여러 번 설명해야 했죠.

㉠ 문을 닫고 비행기가 활주로로 이동하는 동안 승무원은 무엇을 하나요?

㉡ 승무원은 출발 전 항공기 내에서 승객에게 안전 관련 브리핑을 해요. 이때 비행기를 자주 이용하는 승객에게는 단순히 반복적인 것으로 여길 수 있지만 모든 비행기는 구조적으로 조금씩 차이가 있기 때문에 주의 깊게 들을 필요가 있어요. 먼저 승무원은 승객에게 비행 중 항상 안전벨트를 매야 할 것을 알리죠. 기상이 불안정할 때 승객을 안전하게 보호할 수 있는 가장 기본적인 안전장치이기 때문이에요. 비행 중 기상 변화로 부상을 입은 승객의 대부분은 안전벨트 미착용이었던 것으로 보고되고 있어서 안전벨트를 매지 않은 승객이 없는지 확인해요. 그리고 승무원은 비상구 옆 통로에 앉은 승객에게 사고 시 비상구를 열어야 할 책임을 설명해요.

　예전엔 통로에 승무원이 서서 구명조끼 입는 방법을 시연했었는데요, 요즘엔 승무원이 직접 시연하지 않고 주로 기내 안전 비디오를 틀어서 모든 승객이 볼 수 있도록 해요. 이때 승객은 기내 엔터테인먼트 시스템을 이용해 영화를 보거나 음악을 들을 수 없어요. 안전 비디오가 상영될 때 시끄럽다고 꺼 달라고 하는 승객이 가끔 있는데 그럴 수가 없어요. 이 영상은 승객이 강제 시청해야 할 법적 항목이거든요. 내용은 수하물 보관, 비행 중 사용금지 품목, 전자기기 제한, 기내 금연, 좌석 벨트 사인 및 착용, 비상구 관련 내용, 객실 기압 이상 시 행동 요령, 구명복 착용 방법 등 항공기에 탑승하는 승객들이 알아야 할 사항이 담겨 있답니다. 또한 자국의 언어를 기본으로 하되 영어로 설명하는 자막을 입혀야 해요.

비행기가 활주로를 이동하는 동안 기내 안전 비디오 상영이 끝나면 전 승무원은 이륙 준비를 위하여 최종적으로 승객의 좌석벨트를 확인하고, 기내 유동 물질을 고정하고, 휴대전화의 비행모드 상태 여부 등을 확인한 후 승무원 좌석에 착석해요.

㉠ 이륙 시간은 짧은데 이 시간에 승무원이 하는 일이 있나요?

㉡ '마의 11분 Critical 11 Minutes'이라는 말이 있어요. 이륙 3분, 착륙 8분, 합해서 11분 동안 항공사고가 가장 많이 나기 때문에 나온 표현이에요. 항공기 사고의 90% 가량이 이착륙과정에서 발생하고 공중에 있을 때 사고는 10%에 불과하다는 말도 있을 정도예요. 좀 더 정확하게는 이륙보다 착륙할 때 사고가 많이 나요. 그래서 승무원도 이륙과 착륙할 때가 가장 긴장되는 시간이죠. 이때 승무원은 모두 각자 자리에 앉아서 현재 상태에서 발생 가능한 비상사태를 스스로 떠올리고 자신이 취해야 할 행동을 머릿속으로 정리하는 시간을 가져요. 이걸 '30초 리뷰 30 Second Review'라고 해요.

저는 제가 앉은 자리에서 비상구를 확인하고 이 비상구로 내릴 수 있는 승객의 범위를 계산하고 승객 중에 비상사태 때 도움을 줄 수 있는 분을 마음속으로 정해요. 침착함을 잃지 않고 힘을 좀 쓸 수 있는 분이면 좋아요. 탑승객 중에 장애인이 있을 경우 어떤 분에게 부탁하면 좋겠다는 생각도 하죠. 이렇게 승객들을 살피면서 도움이 될만한 승객을 찾아내는 한편 저는 승무원들도 살펴요. 승무원들의 자세와 표정을 보면 30초 리뷰를 속으로 하고 있는지 안 하고 있는지 대충 알 수 있어요. 리뷰를 하는 승무원은 반듯한 자세로 눈빛이 살아있고 어느 정도 긴장된 표정을 하고 있어요. 자세가 흐트러진 승무원을 발견하면 딴생각을 하고 있는 건 아닐까 걱정이 되죠. 제가 가장 심각하게 생각하는 것은 잡담을 주고받는 승무원들이에요. 그런 모습을 발견하면 '긴장하세요' 하고 말하고, 나중에 주의도 주죠. 또 어쩔 수 없는 상황이겠지만 승객의 질문에 답하고 대화하느라 30초 리뷰를 못하는 승무원에게도 경고를 줘요. 승무원을 마주 보고 있는 승객 중에는 언제 내려요, 며칠이나 있다 가요, 뭐 이런 걸 물어보는 경우가 있어요. 승객들도 알고 계셔야 할 게 이착륙 시에는 승무원에게 적당히 긴장상태를 유지할 수 있도록 도와주셨으면 좋겠어요. 이때는 만약의 사태를 대비해 머릿속으로 교육받은 비상사태 대처 내용을 떠올리며 자신이 취할 행동을 정리하고 있어야 하거든요. 이륙 직전에 마주앉아있는 승무원의 표정이 조금 굳어있다면 안심하셔도 돼요. 친절하던 승무원이 왜 저렇게 정색하고 있나, 화가 났나, 이렇게 생각하지 않으셨으면 해요. 지금 이 순간 만큼은 집중하느라 그렇구나 생각해 주세요.

이륙하는 비행기

　항공기 사고는 자주 나는 건 아니지만 한 번 나면 인명피해
도 크니까 승무원들은 항상 긴장하고 준비하고 있다고 생각하
시면 될 것 같아요.

㉠ 이륙하고 이제 기내서비스가 시작되는 건가요?

㉡ 네. 비행기가 이륙한 후에는 절차에 따라 승객에게 음료, 식사 등을 제공하고, 기내 엔터테인먼트 시스템을 잘 모르는 분들에게 조작방법을 알려드리기도 하고요. 승객의 요청이 있으면 가능한 것은 모두 들어드리죠.

㉠ 승객에 따라 달라지는 서비스가 있나요?

㉡ 비행 전날 승객 정보를 전달받아요. 특정 음식이 금지된 종교인이 있는지, 당뇨병이나 다른 질병으로 가려야 할 음식이 있는 승객이 있는지, 장애인이나 아이를 동반한 승객은 얼마나 되는지, 그리고 요즘엔 애완동물을 동반한 승객도 증가하고 있어서 그것도 체크하고 기억하죠.

고객들이 전부 탑승하고 나면 승무원은 특이 사항이 있는 고객의 자리로 가서 당사자가 맞는지 확인해요. 동반자가 있는 경우 자리를 바꿔 앉기도 하고 탑승객끼리 좌석을 바꾸는 경우도 있어서 반드시 확인하는 절차를 거쳐야 해요. 그래야 식사 서비스할 때 실수하지 않죠. 그리고 애완동물을 동반한 탑승객의 경우 지정석이 있어요. 그런데 지정된 좌석이 아닌 곳에 착석해 있으면 왜 그런지 확인하고 지정석으로 옮길 수 있도록 도와드려요.

(편) 기내식 서비스를 할 때 실수하는 경우도 있을 것 같아요.

(최) 코셔밀이라는 게 있어요. 유대교 율법에 맞는 요리법으로 요리한 음식인데요, 기내식으로 서비스되고 있어요. 코셔밀은 원재료가 좋다고 소문이 나서 유대인이 아닌 승객들도 선호하는 기내식이에요. 그런데 주의할 게 하나 있어요. 코셔밀은 유대교 율법에 따라 먹는 사람이 포장을 뜯는 게 종교의식이에요. 기내식은 데워서 나가야 하는데 저희는 코셔밀을 신청한 고객이 유대교인인지 아닌지 확인할 수 없잖아요. 그래서 손님 좌석으로 가서 손님이 직접 포장을 뜯을 건지 승무원이 뜯어도 되는지 확인해야 해요. 만약 확인하지 않고 승무원이 뜯었다면 문제가 되죠. 종교의 신성함을 침범했다고 오해받을 수도 있고요. 그래서 종교와 인종, 문화적 차이로 인해 문제가 발생하지 않도록 주의해야 해요.

(편) 특별히 주의를 기울여야 하는 고객이 있나요?

Ⓜ️ 저희 회사에 '플라잉맘 서비스Flying Mom Service'가 있어요. 보호자를 동반하지 않고 혼자 여행하는 어린이가 출발지 공항에서 탑승권을 받는 순간부터 도착지 공항에서 보호자를 만나기까지 안전하게 여행할 수 있도록 도와드리는 서비스죠. 국제선은 만 5세 이상부터 만 11세 이하, 국내선은 만 13세 미만 어린이가 이용할 수 있어요. 국제선을 이용하는 어린이는 별도의 서비스 요금이 책정돼요. 이 서비스를 이용하는 어린이가 탑승하면 승무원은 관심을 가지고 세심하게 보살펴야 해요. 식사를 챙겨주고, 영화를 볼 때는 연령 등급 설정도 해주고, 불편한 것은 없는지 자주 살펴요. 비행시간이 5시간 이상일 때는 어린이 승객의 비행 중 모습을 편지로 작성해 보호자에게 전달해요. 잠을 잘 못잤다, 배가 아프다고 해서 소화제를 줬다, 식사는 뭘 했고 음료는 뭘 마셨다 등 비행 중 있었던 일을 손글씨로 써요.

　그런데 한 번은 편지를 받은 어머니가 화가 나셨어요. 탄산음료를 마시지 말라고 당부했는데 그걸 무시하고 사이다를 줬다고요. 알고 보니 편지 봉투가 바뀌었더라고요. 그 아이는 사이다를 마시지 않았는데 다른 아이의 편지가 간 거였어요. 바뀐 걸 모르는 상태에서 어머니가 화가 난 건 당연하죠. 우리 아이에게 관심을 주지 않았다고 생각했을 테니까요. 승무원은 이런 일이 생기지 않도록 사전에 조심해야 하죠.

㉠ 브리핑할 때와 실제 비행이 다른 경우도 있나요?
㉡ 비행 전에 계획했던 대로 아무 일 없이 순조롭게 비행을 할 수 있으면 좋겠지만 실제로는 여러 가지 일이 발생해요. 예상했던 것보다 태풍을 빨리 만나거나 늦게 만날 때, 또 생각보다 강도가 셀 때 힘들어요. 이때 가장 먼저 할 일은 승객이 다치지 않게 통제하는 거예요. 그런데 통제에 잘 따르지 않는 손님들이 있으면 승객이나 승무원이 다치는 사고가 일어나요. 그래서 승무원들에게는 이 구간에서 승객을 통제하고 승무원 자신의 안전도 챙겨야 하는 이중의 임무가 있죠. 저는 30년 동안 비행하면서 한 번도 다친 적이 없는데 다쳤거나 사고가 나는 것을 본 승무원들은 스트레스를 많이 받아요.

특히 동남아 지역을 지날 때 떨어지는 낙뢰나 예상보다 큰 구름을 지날 때 위험하죠. 이 상황을 예측할 때도 있지만 갑자기 발생할 때도 있어요. 그러면 신기하다고 사진 찍으며 즐거워하는 승객이 있는가 하면 두려움에 떨면서 기도하는데 정신이 뺏긴 승객도 있어요. 이렇게 반응이 다 다른 승객을 통제해서 안전하게 모시는 게 좀 어려운 일이죠.

그리고 승무원이 가장 싫어하고, 가장 어려운 순간은 아까

언급한 C.A.T를 만났을 때예요. C.A.T는 구름 한 점 없는 맑은 날씨에 아무 예고도 없이 나타나요. 특히 여름에 지표가 엄청 뜨거우니까 기류가 소용돌이치는 현상이 나타나요. 그런데 구름도 없어서 눈에 보이지도 않아요. 여름철 국내선 탈 때도 만날 수 있고, 장거리 비행에서도 만날 수 있어요. 캣을 만나면 비행기가 엄청 출렁거리거나 갑자기 아래로 툭 강하해요. 놀이공원에서 기구 타듯이 훅 내려앉는 거예요. 자주 일어나는 현상은 아니지만 이것을 만나면 정말 위험하고 무서워요.

편) 이런 기상 현상은 예측이 어려운가요?

최) 대부분 예측되기는 해요. 운항 중에도 기상에 변화가 일어나면 운항승무원이 정보를 줘요. 물론 비행 전 브리핑에서도 정보를 공유하지만 기상이라는 게 실시간으로 변할 때가 있잖아요. 운항승무원은 조종실에서 기상 변화의 정보를 계속 받아서 객실승무원에게도 전달해 주죠. 어떤 때는 기존 항로에 기상이 악화되었으니 항로를 변경한다고 알려주고, 난기류가 예측되는 구간이 있으니 객실에서도 미리 대비하라고 얘기해 주죠.

편) 이럴 때 객실에서는 어떻게 대비하나요?

밴쿠버 상공에서 본 하늘

최 일단 선반이 모두 잠겨있나 재빨리 살펴보고 승객들에게 안전벨트 착용하시라고 방송하죠. 이렇게 비행기가 출렁거리거나 흔들릴 것이 예상될 때는 음료와 음식 서비스를 중단하기도 해요. 뜨거운 차나 커피 음료는 이 구간을 지날 때까지 제공할 수 없다고 알리기도 하고요. 요즘 이런 기상 현상이 늘어나고 있어요. 예측하기로도 빈도가 늘었고 예측하지 못한 상황을 맞닥뜨리기도 해요. 특히 대서양을 넘어갈 때 심한 경우가 많고요. 그래서 국토부에서도 회사에서도 고민하고 있어요. 우리 기내식에는 뜨거운 미역국이 제공될 때가 있어요. 물론 밥은 언제나 따뜻하게 나가고요. 그런데 기내식 서비스가 한창 진행되고 있을 때 갑자기 예상하지 못한 기상 현상을 만났다고 생각해보세요. 뜨거운 국과 밥이 튀면 승객들이 화상을 입을 위험이 높아지잖아요. 이런 안전사고가 날 확률은 적지만 분명 일어날 건데 어떻게 해야 할지 고심하고 있는 것으로 알고 있어요.

편 변화가 많은 날씨에는 걱정이 많겠어요.

최 모르는 게 편한데 저희는 구름 모양을 보면 어떤 일이 일어날지 아니까 좀 걱정이 많죠. 장마철에 저희가 싫어하는 구름이 있어요. 앞에서도 얘기한 적란운인데요. 이 구름이 수직으로 높이 치솟아 산이나 탑처럼 보이면 강한 소나기와 천둥번개를 동반해요. 적란운을 지날 때는 정말 조심해야 해요. 특히 여름철에 동남아 지역을 지날 때 두껍게 집단을 이루고 있는 적란운을 보면 마음의 준비를 하죠. 저는 딱 보면 아니까 마음의 준비를 하고 평온한 척 연기를 해요. 사무장인 제가 불안해하는 모습을 후배 승무원들에게 보일 수는 없어요. 그러면 승무원들도 불안해지고 덩달아 승객들도 눈치채고 불안해하니까요. 그리고 차분히 대비를 하죠.

㉠ 가장 걱정되는 날씨는 어떤 건가요?
㉡ 태풍이에요. 태풍이 아주 세서 비행이 취소될 수도 있을 것 같은데 취소 기준에는 미달돼서 비행기가 뜨기로 결정됐다면 모든 승무원은 긴장하죠. 조종사가 객실승무원에게 몇 분 후에 태풍 구간을 지나갈 거라고 알려줘요. 그러면 태풍 구간이 시작되기 전부터 승무원은 소란스럽지 않게 태풍 구간을 지날 준비를 해요. 평온한 척하면서 기내를 돌아다니며 밖으로 나와 있는 물건은 없나 살펴보고 있으면 주워서 선반이나 서랍에 넣고 딸깍 소리가 나도록 고리를 잠그고 열리지 않는지 체크해요. 좁은 기내에 물건이 밖에 나와 있으면 누군가 걸려 넘어지거나 다칠 위험이 있으니까요. 이렇게 미리미리 준

비하고 있으면 태풍 구간을 조금 평온하게 지나갈 수 있어요.

⑩ 예전에 비해 기상 이변이 많이 일어나고 있는 것 같아요. 이와 관련해서 기내서비스도 예전과 달라진 것이 있나요?

⑭ 예전에는 승객 서비스 우선이었던 것 같아요. 터뷸런스 구간을 지날 때 비행기가 심하게 흔들리는데도 승객이 뜨거운 음료를 가져다 달라고 요청하면 거절을 못했어요. 비행기가 막 흔들리는데 뜨거운 음료가 승객에게 쏟아지는 사고가 날 수도 있잖아요. 정말 불안하죠. 그런데 요즘엔 달라요. 승객에게 지금은 서비스가 어렵고 비행기가 안정되면 가져다드리겠다고 얘기하죠. 만약에 터뷸런스 구간이 길거나 기상 상황이 좋지 않아서 비행기가 오랜 시간 많이 흔들릴 것 같다고 판단되면 기내 방송으로 뜨거운 음료는 제공할 수 없다고 승객들에게 양해를 구해요. 그러면 승객들도 모두 이해해 주시는 분위기예요. 승객과 승무원 모두 안전을 먼저 생각하는 문화가 된 것 같아요. 큰 변화죠.

⑩ 취항지에 도착하기 전에 승객의 입국 수속을 돕는 것도 승무원의 일인가요?

최 네, 도착지가 가까워지면 승무원은 입국에 필요한 서류작성이나 면세 한도 등을 안내해요. 주류 등의 면세품을 판매하는 업무도 있는데, 비행 시간대에 따라 이륙 후 혹은 착륙 전에 판매시간이 있어요. 착륙 전에는 특히 환자나 도움이 필요한 승객을 보살피는데 신경을 써야 하고요.

LA 공항에서_슈퍼M 랩핑

편) 목적지에 가까워지면 어떤 일을 하나요?

최) 목적지 공항에 가까이 이르게 되면 착륙 안내방송이 나와요. 이때 승무원은 기내 최종 점검을 실시하여 유동 물질을 고정시키고 승객의 좌석벨트를 확인해요. 그리고 착륙하는 동안 이륙할 때와 마찬가지로 30초 리뷰를 하고요. 이륙보다 착륙할 때 사고가 많이 발생하기 때문에 끝까지 긴장을 늦출 수 없어요.

앞에서도 이야기했듯이 도착지 공항에 따라 도착 시간이 지연될 때도 있고 활주로 상태가 좋지 않아 비행기가 우당탕탕 착륙할 때도 있어요. 저희는 이런 정보를 알고 있지만 승객에게는 말씀드리지 못하잖아요. 그래서 시간이 지연될 때도 착륙 자세로 차분하게 기다려야 해요. 또 자리를 이탈하는 승객이 있으면 얼른 착석해달라고 요청하고요. 이렇게 객실 상황을 지켜보면서 비행기가 활주로에 착륙하고 이동해서 멈출 때까지 주의를 기울이죠.

(편) 착륙하고 문을 열면 탑승객이 바로 내리나요?

(최) 비행기가 착륙하고 활주로를 이동해 멈추면 승객이 내릴 수 있도록 준비하는 일이 있어요. 승객이 내릴 수 있는 방법은 두 가지예요. 탑승교(보딩 브리지)를 이용해 바로 공항 안으로 들어가는 방법과 탑승 계단을 이용하는 방법인데요. 탑승 계단을 이용할 때는 버스를 타고 공항으로 이동하죠. 두 가지 방법 모두 승객이 안전하게 내릴 수 있도록 탑승교나 계단이 공간 없이 문과 연결되어야 하는 게 가장 중요해요. 하기 준비가 끝났다고 바깥에서 신호를 받고 문을 열었을 때 단차가 발견되거나 연결 부위에 간격이 있어 발이 빠질 위험이 있다면 다시 문을 닫아야 할 수도 있어요. 승객들이 내릴 때도 안전이 중요한데 그런 상황에서는 내릴 수가 없잖아요. 그래서 다시 작업해달라고 요청을 하는데 그 요청을 들어주지 않을 때는 기장에게 보고하고 작업이 끝날 때까지 기다리기도 해요. 안전이 확인되면 그때 문을 열고 승객의 하기가 시작돼요.

LA 공항

㉠ 승객이 하기하는 순서도 있나요?

㉡ 보통은 문에 가까운 좌석의 승객부터 내리죠. 자연스럽게 퍼스트, 비즈니스, 이코노미 승객 순으로 내리게 돼요. 그런데 일반 승객이 내리기 전에 먼저 내려야 하는 승객이 있어요. 가끔 있는 일이지만 범죄인이 탑승했을 때 미리 준비했다가 바깥에서 기다리고 있는 경찰에게 인계하는 경우도 있고, 객실

내에서 흡연을 했거나 난동을 피운 승객을 먼저 내리게 해서 경찰에 인도하죠. 그리고 외교관이나 연예인 등 먼저 내려야 하는 승객으로 분류된 분들이 하기해요. 오해 하지 않으셨으면 하는 게, 갑자기 인파가 몰려 안전사고가 발생할까 분리시켜 드리는 거예요. 해당 승객이 그렇게 많은 인원은 아니기 때문에 최대한 조용히 내리실 수 있게 도와드리죠. 실제로 '연예인이 무슨 벼슬이냐, 특혜 아니냐?' 불만을 토로하시던 승객의 모습이 기억나네요. 그리고 어른이 동반하지 않은 어린이 승객, 도움이 필요한 승객들을 먼저 해당 부서 직원에게 인계해 드리면서 보호자에게 전달할 사항도 전달하고요. 그리고 휠체어를 탄 장애인 승객에게는 미리 가서 일반 승객이 내리고 난 후에 내리셔도 되냐고 여쭤봐요. 빨리 내려야 한다면 그렇게 해드리는데, 대부분 시간이 많이 걸려 일반인의 통행에 방해가 된다는 사실을 알고 계시기 때문에 기다리겠다고 양해해 주세요.

㉷ 승객이 모두 내리고 나서 하는 일은 무엇인가요?

㉲ 객실 상태를 점검하면서 승객이 놓고 내린 물건이 없는지 확인해요. 승객을 따라가 바로 전달해드릴 수 있으면 제일 좋고요. 가끔 승객이 선반에서 무거운 물건을 내리다가 떨어져서 무언가를 부러뜨릴 때가 있어요. 또 승객이 토했거나 음식물이 쏟아져서 오염이 생기기도 하고요. 그런 걸 발견하면 다음 비행에 지장이 없도록 담당 부서 사람을 빨리 불러서 조치를 취하게 해요. 동시에 기내 구석구석을 뒤져서 유실물을 찾죠.

상위 클래스 같은 경우 승객이 다 내리기 전에 승무원 한두 명이 좌석 유실물을 먼저 점검해요. 유실물이 발견되면 승객에게 최대한 빨리 전달될 수 있도록 해요. 간혹 승무원을 먼저 바깥으로 내보내 승객을 따라잡을 수 있도록 하고요. 주로 돋보기, 핸드폰, 지갑 등 작은 물건들이 대부분인데요, 가끔 큰 쇼핑백이나 캐리어를 놓고 가시기도 해요. 유실물을 발견하면 얼른 바깥에 대기한 운송 직원에게 연락해 그분을 기다리게 한 다음 유실물을 건네 드리죠. 이미 입국장을 지나셨다면 유실물 센터에 접수해 손님이 직접 찾아가실 수 있도록 하고요.

그 다음에 승무원이 할 일은 기내 비품을 정리해서 하기 되어야 할 물건을 조업사 직원이 작업하기 쉽도록 정리하는 거예요. 무슨 말이냐면 주방갤리에서 사용한 커피포트 등의 기물은 한 번 사용 후 매번 세척된 새 포트로 교체되어야 하는데 물품 하기 직원이 돌아다니며 일일이 모으기 힘들기 때문에 한꺼번에 모아두는 거죠. 식음료 외에도 기물, 비품 등 편의 탑재물들은 매번 하기하고 다시 싣는 작업을 합니다.

만약 모든 점검이 끝나고 승무원이 모두 내린 다음에 다음 비행 팀이 와서 유실물을 발견했다거나 오염된 부분을 발견하면 그건 또 다른 문제의 시작이죠. 이렇게 비행의 순환이 된답니다. 그런 일이 발생하지 않도록 끝까지 감독하고 점검하는 게 사무장의 일이고요.

(편) 승객이 모두 내리고 객실 정리를 마쳤다면 이제 퇴근하는 건가요?

(최) 이렇게 모든 과정이 끝나면 근무 인원 모두가 모여 디브리핑De-briefing을 해요. 그날의 특별했던 에피소드승객불만, 설비결함, 식음료 관련 상황, 승무원 실수, 좌석이나 의복 오염, 환자, 특이 승객, 인계 물품를 정리하고 정보를 공유하죠. 의사 표현을 하지 않으시다가 하기하면서 의견을 주신 손님들이 계시다면 기록하고, 보고할 내용이 있으면 회사에 보고를 하죠.

사무장은 해당 부서별로 각종 보고서를 써요. 보고서는 매번 쓰는 건 아니고, 일이 발생했을 때만 써요. 아마 제 경험으로 보아 비행편의 절반은 쓰는 것 같아요. 응급환자나 경찰인계 건 등, 사안이 심각한 내용부터, '음식이 짜다, 고기가 질기다' 등의 승객 의견까지 비행과 관련한 모든 소재가 보고 내용이 되죠. 소화제나 두통약을 달라고 요청한 고객이 약을 드시고 좀 나아졌다, 멀미가 심한 고객이 있었는데 약 드시고 혈색이 돌아왔다, 아기가 토해서 좌석에 오염이 있었다, 하는 식의 이야기예요. 사무장이 모든 상황을 다 알 수는 없기 때문에 비행 중에 있었던 이야기를 하고 비행을 마무리하죠. 그리고 개인 휴대품을 챙겨서 나오면 퇴근이에요.

의견, 특히 손님의 의견이 있었고 처리 결과를 알고 싶거나 회신을 원하는 경우는 조금 더 신속하게 보고서를 작성하는 편이에요. 승무원이 실수해서 와인을 쏟아서 승객 옷이 훼손되었다, 기내 설비의 결함이 해결되지 않아 승객이 불편을 겪은 경우 등이죠. 보고 내용은 해당 부서에 바로 전달되어 개선될 수 있도록 하고 다른 비행의 중요한 자료가 돼요. 이 모든 보고 내용들이 쌓여 항공사의 큰 자산이 되는 게 아닐까 생각해요. 별일이 없었다면 보고를 쓰지 않아도 되는데 그런 날은 집에서 쉬는 시간이 더 꿀맛이죠.

승무원이 되려면

ⓟ 승무원이 되려면 어떤 성격이 좋을까요?

ⓒ 글쎄요. 제 생각에는 어떤 성격이나 괜찮을 것 같아요. 사람을 많이 상대하는 직업이라 외향적이고 사람을 좋아하면 적성에 맞을 것 같지만 꼭 그렇지도 않아요. 이 일은 매뉴얼이 딱 정해져 있어요. 기내서비스를 할 때는 이렇게, 승객이 어떤 요구를 할 때는 이렇게, 등등 매뉴얼에 따라 일을 하는데요. 승객에게 기본적으로 친절해야 하지만 과장된 친절은 필요 없어요. 개인적인 친분에 따라 뭔가 이익을 얻고, 영업을 하고 그런 일이 아니니까요. 그래서 사교성이 있어야 한다거나 대화를 주도해서 이끌어 나가야 한다는 부담을 느낄 필요도 없어요. 다만 성실함은 있어야 하죠. 모든 직업이 그렇지 않을까요? 그리고 시간 약속을 잘 지키는 것도 중요하고요.

저의 경험으로 보아 어떤 성격이라도 괜찮다는 생각이 들어요. 사람마다 나름대로 장점이 있어요. 무슨 문제가 생겨서 꽉 막힌 분위기일 때 평소에 명랑하고 좀 엉뚱한 면이 있는 사람이 새로운 아이디어를 내서 돌파구를 마련할 때도 있어요. 또 고지식한 면이 강해서 매뉴얼 대로, 정말 곧이곧대로 일하는 사람은 빈틈없이 자기 할 일을 해서 팀에 도움이 되고요. 그래서 저는 누구나 와도 된다고 생각해요.

㉠ 승무원은 매우 다양한 사람들을 만나야 하는데, 어려움이 있는 사람도 있을까요?

㉢ 종교적 편향이나 인종적 편견이 있는 사람은 어려울 것 같아요. 승무원은 다양한 인종, 다양한 종교, 다양한 문화를 가진 사람들에게 서비스를 하는 직업이에요. 종교나 문화에 따라 먹는 음식이 달라지고 서비스하는 방식이 달라질 수 있어요. 의도와 다르게 상대방이 오해할 수 있으니까 조심해야 하는 행동들도 있고요. 그런데 승무원이 어떤 특정한 종교나 문화에 대한 편견을 가지고 있다고 해보세요. 생각과 믿음은 본인의 것이니까 그걸 어떻다고 평하는 건 아니에요. 다만 그로 인해서 차별이나 혐오의 감성을 드러낼까 봐 그게 걱정인 거죠. 겉으로 표나지 않게 하려고 노력하겠지만 어쩌다 긴장이 풀어지면 그런 불쾌감이 바깥으로 나타날 때도 있어요. 본인도 힘들겠지만 함께 일하는 동료들도 불안한 마음이 있죠. 또 그런 태도를 알아채고 불쾌하게 생각하는 손님도 있을 수 있고요. 승무원이 항공사 유니폼을 입으면 자신의 종교나 정치적 의견, 소수자에 대한 편견 등으로 손님을 대하는 일은 없어야 해

요. 모든 승객을 동등하게 대하고 정중하게 대해야 하죠. 다양한 문화를 인정하고 포용할 수 있었으면 좋겠어요.

편 승무원은 세계 여러 나라에 머물러야 해서 그에 따른 어려움도 있겠어요.

최 맞아요. 장거리 비행의 경우 취항지에서 이틀 이상 머물 때도 있는데, 가장 어려운 게 음식이에요. 음식을 많이 가리거나 특정 음식을 전혀 먹지 못하는 습관이 있으면 이 일이 힘들수 있어요. 동남아시아에 가면 각종 향신료가 들어간 음식이 많은데요, 향과 맛이 독특해서 사람마다 호불호가 있더라고요. 좋아하는 사람들은 엄청 좋아하고 싫어하는 사람들은 냄새도 못 맡을 정도로요. 승무원 중에도 다른 나라의 음식을 먹지 못하는 사람들이 있어요. 그러면 좀 고생해요. 승무원은 취항지를 선택할 수가 없잖아요. 그래서 세계 여러 나라를 가는데, 가는 곳에 따라 먹을 음식이 입에 맞지 않을 때가 있거든요. 그럴 때는 뭐든지 잘 먹는 사람이 좋더라고요. 신입 사원의 경우 초기에 살이 쭉 빠지는 사람이 있어요. 혹은 반대로 편식을 하니까 급격히 체중이 늘어나는 사람도 있고요. 시간이 지나면서 나아지는 사람이 있는가 하면 계속 먹는 걸로 고생하는 사람이 있죠. 편식이 심한 사람은 아무래도 이 일이 안 맞을 수

로마에서 맛본 이태리파스타

있어요.

그리고 기초체력은 편식보다 더 중요한 조건이에요. 밤새는 일을 유난히 힘들어 하거나, 교통사고 후유증 등으로 장시간 서 있을 수 없는 신체 조건이 있는 경우 등은 본인 의지와는 별개로 일이 더 힘들어 질 수 있어요.

영어는 어느 정도로 잘하면 되나요?

편 승무원은 세계 공용어인 영어를 기본적으로 잘 해야 하는 것으로 알고 있어요. 어느 정도 수준이면 승무원이 될 수 있을까요?

최 승무원 채용 조건에 영어 능력은 필수예요. 저희 회사 채용 공고에 난 자격 요건을 보면 'TOEIC 550점 또는 TOEIC Speaking LVL IM 또는 OPIc LVL IM 이상 취득한 자'가 응시할 수 있다고 되어있어요. 이 점수를 넘으면 지원하는 데 문제가 없어요. 생각보다 기준점수가 낮다고 놀라실 것 같은데요, 원서를 쓸 수 있는 기본점수라고 말씀 드릴 수 있을 것 같아요. 승무원 업무는 승객과 의사소통을 하는 일이라 읽고 쓰는 능력보다는 말하고 듣는 능력이 더 중요해요. 시험 성적이 아무리 우수해도 말을 못 하면 불합격하는 경우도 있어요. 반대로 영어구술성적이 우수한 사람은 우대하기도 하죠. 저희 세대에서는 영어 성적이 좋아도 말을 잘 못 하는 사람들이 꽤 많아서 문제가 되곤 했는데, 요즘 입사하는 젊은 세대는 대부분 말을 잘하더라고요.

편) 영어 외에 다른 언어도 잘하면 도움이 되나요?

최) 다른 언어까지 할 수 있으면 당연히 더 좋아요. 항공사에서는 취항지 현지인을 승무원으로 채용하기도 하는데요. 영어도 한국어도 소통이 어려운 승객들과 소통하기 위해 그 나라 언어가 가능한 사람을 채용하죠. 한국인인데 영어 외에 다른 나라 언어를 할 수 있다면 더 좋은 조건이 될 거예요.

앙코르와트

편 청소년 시기에 어떤 준비를 하면 좋을까요?

최 앞에서 이야기한 편견과 관련이 있어요. 저는 개인적으로 승무원이 되고 싶은 청소년이라면 유럽을 비롯한 서양사만 공부할 게 아니라 아시아와 아프리카, 남아메리카에도 관심을 가지고 세계사를 폭넓게 공부했으면 좋겠어요. 승무원이 되면 세계 여러 곳을 다니는데, 특히 우리나라는 동남아시아 노선이 많아요. 우리나라 여행객도 많고 그 나라에서 우리나라로 여행하거나 일하러 오는 승객들도 많고요. 가끔 승객들이 그 나라는 어떤 나라냐고 물어보시기도 해요. 제가 학교 다닐 때만 해도 세계사라고 하면 서양사만 배워서 아는 게 별로 없으니까 자신있게 대답을 못 하는 부분도 있어요. 얼마 전 아이의 교과서를 정리하다 보니 요즘 세계사 교과서에는 동아시아사도 제법 많은 분량을 배우더라고요. 너무 재미있어서 치우는 것도 잊어버리고 한참 읽었어요. 제가 예전에 동아시아 역사를 좀 알고 있었다면 좋았겠다는 생각이 들었어요. 그러니 여러분도 관심을 가지고 여러 나라, 여러 문화에 대해 폭넓게 공부했으면 좋겠어요.

편 청소년들에게 당부하고 싶은 이야기가 있을까요?

최 요즘은 어려서부터 SNS를 많이 하잖아요. 만약 승무원이 되고 싶은 청소년이라면 과도하게 자신을 노출하는 활동은 하지 않는 게 좋을 것 같아요. 그게 다 기록에 남으니까 혹시라도 부메랑이 되어 돌아올 수도 있거든요. 그리고 언어 습관도 중요해요. 요즘 신입 사원들을 보면 젊은이들 사이에서 유행하는 단어나 재미난 말투도 쓰는데요, 승무원은 여러 세대와 각계각층의 사람을 고객으로 대해야 해서 좀 점잖은 말투를 선호해요. 표현도 정제되어야 하고요.

편) 승무원이 되려면 어떤 학력 조건이 필요한가요? 또 어떤 전공을 하면 도움이 될까요?

최) 승무원이 되기 위해서는 전문대 이상의 학력이 필요하고 전공에 제한은 없어요. 승무원이 되려면 어떤 전공을 하는 게 좋으냐는 질문을 꽤 받는데, 제 생각에는 특별히 유리한 전공은 없는 것 같아요. 승무원 배출을 목적으로 하는 대학의 학과들은 꽤 있어요. 우리나라 최초로 승무원 양성 교육을 시작한 인하공업전문대학에 항공운항과가 있고요, 수원과학대와 장안대에 항공관광과, 한양여자대학교에 승무원학과, 연성대, 대림대, 부천대에 항공서비스과 등이죠. 전공자 출신 승무원은 학교에서 실무를 배웠기 때문에 현장에 빨리 적응하는 장점이 있어요. 특히 방송 자격의 경우 관련학과를 나온 승무원이 절대적인 연습량이 많으니까 쉽게 취득하는 것 같아요. 정규직 전환이나 진급 심사를 앞두고 있을 때 각종 자격을 갖출 수록 유리한데, 그 중 방송 자격은 필수거든요.

(편) 실제로 승무원이 된 사람들 중에 다양한 전공자들이 있나요?

(최) 승무원은 전공 제한이 없어서 실제로 다양한 전공자들이 있어요. 어학 계열을 전공한 사람은 물론이고요, 미술을 전공한 사람, 패션을 전공한 사람도 있는데요. 일하다 보면 동료들에게 큰 도움이 돼요. 예술 작품을 보기 위해 여행하는 고객이 많을 때는 예술 전공자가 승객들과 대화가 잘 통해요. 또 요즘엔 패션 행사 시즌이 있어서 행사장에 가는 고객들이 많을 때 패션 전공자가 동료들에게 유익한 정보를 제공하고 고객들과 즐거운 대화를 나누기도 해요. 간호학과 출신 승무원도 있는데요, 승객 중에 환자가 있을 때 전문 지식을 발휘할 수 있죠. 하지만 의사나 간호사 출신이 승무원 복장을 입었을 때는 환자를 직접 처치할 수는 없어요. 의료인 자격증이 있더라도 승무원인 이상 승무원의 역할에 충실해야 해요. 대신 호출한 의료진이 지시하는 대로 처치를 도울 수는 있어요. 또 인문학 전공자들은 다양한 문화와 역사를 아니까 동료들에게 유익한 정보를 제공하기도 하고요.

편 승무원이 되기 위해 적용되는 신체조건이 있나요?

최 요즘엔 교정시력 1.0 이상이라는 조건 외에는 따로 제한하는 조건은 없어요. 승무원이 되려면 어떤 외모를 가져야 하느냐는 질문을 자주 받는데요. 그냥 호감있는 인상이면 돼요. 이건 우리나라도 그렇고 대부분의 다른 나라도 마찬가지라고 알고 있어요. 그리고 키에 대한 질문도 많이 하는데요, 요즘엔 키 제한은 없고 대신에 암리치Arm Reach 기준은 충족해야 해요.

　승무원이 되기 위한 신체조건 항목은 세계적으로 몇 번의 변화가 있었어요. 처음 승무원이라는 직업이 생겼을 때는 키 제한이 있었어요. 이건 비행기 실내 공간과 관련이 있어요. 초창기에는 항공기 자체가 작고 실내 공간도 작아서 승무원은 162cm를 넘지 않아야 한다는 조건이었죠. 키가 큰 승무원은 고개를 숙이고 다녀야 했으니까 오히려 키 제한을 했던 거예요. 현대로 오면서 실내 공간이 커지자 162cm 이상이어야 한다는 조건도 한때 있었어요. 키가 커야 했던 이유는 선반 때문이었어요. 승객의 좌석 위에 설치된 선반 문을 열고 승객 탑승 전이나 내린 후에 선반에 남겨진 물건은 없는지, 수상한 물건이 있는지 맨눈으로 확인해야 해서 승무원의 키에 제한을 두었죠. 최근엔 선반 안에 거울을 부착해 쉽게 확인할 수 있는 장치를 하기도 해서 키 제한보다는 암리치, 즉 팔길이를 따지는 분위기예요. 팔길이는 발끝에서 손을 뻗어 닿는 거리를 말해요. 승무원이 까치발을 하고 팔을 위로 뻗었을 때 발끝에서부터 손끝까지의 길이가 짧게는 201cm, 길게는 212cm 이상이 되어야 해요. 이건 항공사마다 다른 규정이 있어서 지원하고자 하는 항공사의 채용 정보를 확인해야 해요.

21년 팬데믹 시절

인턴으로 채용된 후 정규직이 되는 방법은 무엇인가요?

㉠ 공채 시험에 합격하면 인턴이 된다고 들었어요. 인턴 생활을 마치면 정규직으로 전환되는 건가요?

㉡ 회사마다 조금 다르지만 보통 합격하면 1~2년 정도 인턴사원으로 일해요. 저희 회사는 2년으로 그 기간을 마치면 소정의 심사를 거쳐 정규직 전환이 되죠. 정규직 전환 심사에서 가장 중요한 것은 근무태도에 대한 평가인데요. 출퇴근 시간은 잘 지키는지, 근무시간에 충실히 근무했는지 등을 보는 거죠. 인턴사원이 절대 하지 말아야 하는 일은 사전에 조율 없이 비행에 나오지 않는 거예요. 일반 회사원으로 치면 결근을 하는 거죠. 비행을 할 수 없을 정도로 구토나 설사 등의 증세가 있다면 예외가 될 수 있겠지만 그런 사정도 없이 비행에 나오지 않는 것은 정규직 심사에 치명적일 수 있어요. 그리고 인턴교육을 잘 이수해야 하죠. 인턴 때는 각종 안전 훈련을 받아요. 아무래도 신입사원을 대상으로 한 훈련은 강도가 센 편이에요. 훈련 규칙과 방법을 익혀야 해서 경력자들보다는 더 어렵게 느껴질 테지만 성실하게 배우고 익혀야 해요. 또 승무원이 알아야 할 비행 용어들과 규칙들을 배우고 익히죠.

㉠ 실제로 인턴사원이 무단결근을 할 때도 있나요?

㉡ 얼마 전 태풍이 왔어요. 태풍의 규모가 커서 피해가 예상된다는 보도가 있었죠. 당일에 비행기가 뜰 건지 안 뜰 건지는 그 시간이 되어봐야 알 수 있기 때문에 일단 승무원은 모두 비행 준비를 해야 해요. 그런데 인턴사원 한 명 안 온 거예요. 연락도 없이 나타나지 않으니까 좀 당황스럽더라고요. 30년 승무원 생활 중 이런 경우는 처음이었어요. 예전에는 출근하는 길에 교통사고가 나서 비행을 못 한다고 말을 할 때도 상태가 심각하지 않으면 직접 와서 알리고 갔거든요. 요즘엔 그렇게까지 할 필요는 없지만 당일에 비행을 못 하게 되는 경우 연락을 해서 무슨 이유로 오늘 비행을 못 한다고 알려는 줘야 하잖아요. 결국 이유도 모른 채 결원이 생겼으니까 저는 충원하기 위해 대기 인원도 알아봤는데, 그날은 비행 가능한 인력이 전혀 없었어요. 결국 예정에도 없이 한 명 부족한 상태로 비행을 시작했죠. 그런데 결원이 생기면 일이 좀 힘들어요. 한 사람만큼의 일을 나머지 승무원이 나눠야 하는데, 각자 맡은 임무도 빠듯하니까 부담스럽죠. 다행히 태풍 소식 때문에 취소한 승객이 많아 걱정했던 만큼 많이 어렵지는 않았는데, 정말 이런 경우는 처음이었어요. 제가 그 인턴사원이 어떻게 되었는지는 모르지만 정규직 전환 심사 때 당연히 문제가 되겠죠.

승무원이 되면

편 승무원이 되면 여러 가지 교육을 받는다고 하셨는데요. 교육과정에 대해 알려주세요.

최 가장 기본이 되는 건 정기 안전훈련이에요. 승무자격을 유지할 수 있는 기본이면서도 가장 중요한 교육이죠. 그 외에도 서비스 실무교육과 기종 및 기내설비 교육, 정보 보안교육, 성희롱 예방교육, 산업안전 교육 등 많은 보수교육을 받아요. 승무원이 되면 몸에 익혀야 할 여러 가지 매뉴얼이 있어요. 비상탈출 매뉴얼, 기내 안전과 항공 보안을 위한 매뉴얼, 응급상황 발생 시 매뉴얼, 난동을 부리는 승객을 대처하는 매뉴얼, 이 밖에 기내에서 발생할 수 있는 일들에 대처하는 매뉴얼이 있어요. 승객이 전원 탑승하면 기내 안전 비디오를 틀어요. 그 안에 승객이 알아야 할 정보가 다 담겨있지만 실제로 이런 상황이 닥치면 승객들은 당황해서 어떤 행동을 해야 할지 잘 모를 수 있어요. 이때 승무원은 훈련받은 대로 대처하죠. 그중에서 중요한 몇 가지 매뉴얼을 항목별로 소개할 테니 여러분도 승무원이 되었다고 상상하며 한 번 따라해 보세요.

94년 신입서비스 교육중

항공기 추락 등 비상사태가 발생했을 때 승무원은 승객에게 추락 또는 충격에 대비한 자세에 대해 안내하고 기내 압력 저하 시나 화재 발생 시 행동 요령을 간결하고 분명한 언어로 지시해요. 그러면 승객은 안내방송에 귀를 기울여 승무원의 안내에 따라 행동해야 해요.

추락이나 추돌 전 적절한 자세를 취하는 순서는 다음과 같아요. 자세를 취하기 전에 우선 등받이를 앞으로 당겨 세우고 좌석벨트를 조여 착용해야 해요. 앞좌석 등받이가 손에 닿지 않으면 가슴이 무릎에 닿을 정도로 상체를 최대한 굽히고 고개를 최대한 숙이고 팔로 무릎을 감싸 쥐거나 다리 뒤로 해 허벅지를 감싸요. 양발을 무릎 관절보다 뒤로 당겨 각도를 최소화할 수 있도록 하는 게 좋아요. 발은 바닥과 편평하게 유지하도록 하고 앞좌석 등받이가 손에 닿는다면 상체를 최대한 굽히고 고개가 좌석 등받이에 닿도록 숙이고요. 양손은 겹쳐서 머리 위에 놓는데 손가락 깍지는 끼지 않고 양팔로 얼굴 양옆을 감싸요. 유아의 경우 성인의 무릎 위에 올려놓은 상태에서 몸을 굽혀 안게 하는 게 좋아요. 적절한 자세를 취한 승객은 그렇지 않은 승객보다 부상 정도가 덜한 것으로 밝혀졌어요.

기내 압력이 저하되었을 때 승객은 산소 마스크를 얼굴 앞으로 당겨 빠르게 착용해야 해요. 기내 압력이 감소하는 등의 이유로 산소 공급이 필요할 때는 좌석 위 또는 선반 속에 보관되어 있던 산소마스크가 자동으로 내려와요. 착용 방법은 산소마스크를 코와 입에 밀착시킨 후 머리에 고정하면 돼요. 이때 중요한 것은 본인의 마스크를 우선 착용하고 다른 사람을 도와야 한다는 거예요. 특히 어린이나 나이 든 부모님을 동반한 고객이 가족의 산소마스크를 먼저 챙기는 경우가 있어요. 만약 산소가 부족해서 정신을 잃으면 누구도 도와줄 수 없어요. 그러니 반드시 본인 먼저 착용하고 재빨리 주변을 도와야 해요.

다음으로 구명조끼를 착용하는데요. 구명조끼는 보통 좌석 아래 또는 옆쪽에 있어요. 승무원의 안내에 따라 구명조끼를 착용했다면 좌석에 앉아 기다려요. 절대 미리 부풀려서는 안 돼요. 승무원이 탈출 직전 지시하면 그때 부풀려야 하죠. 부푼 구명조끼를 입고 움직이면 기내가 좁아서 대피가 늦어지기 때문이에요.

슬라이드를 사용해 비상탈출 할 때도 요령이 있어요. 승무원의 안내에 따라 승객은 움직여야 하고, 탈출 시 부상을 초래

할 수 있는 소지품과 장신구는 제거해야 해요. 또 슬라이드를 손상시킬 수 있는 굽이 있는 신발은 벗고 슬라이드에 걸터앉아 내려가지 않고 중앙으로 뛰어내려야 하죠. 이때 양손은 가슴 앞에 교차시키되 팔꿈치가 몸 안쪽으로 오도록 하고 다리와 발은 나란히 뻗는 자세로 내려가야 해요.

비상탈출 시에는 1초가 사람의 생명을 좌지우지하기 때문에 모든 승객은 재빨리 탈출구로 향해야 하고 다른 사람의 탈출을 방해해서는 안 돼요. 특히 수하물 칸에서 짐을 내리는 행위는 본인뿐 아니라 탈출하기 위해 뒤에 있는 다른 사람의 생명도 위험할 수 있어요. 짐은 슬라이드를 파손하기도 해요. 슬

유니버셜에서_재난 영화 소품

라이드는 공기를 집어넣은 튜브 형태이기 때문에 가방에 있는 버클이나 메탈 소재의 부착물이 슬라이드에 닿아 마찰을 일으키면 슬라이드가 파손될 수 있어요. 이때는 뾰족한 힐과 같은 신발도 벗어야 해요. 짐을 가지고 탈출하다가 놓치면 뒤에 있는 사람들이 걸려 넘어지거나 부상을 당할 수도 있어요. 또 짐이 승객을 덮치는 사고가 날 수도 있고요. 만약 물 위에 비상착륙을 했을 때 짐이 있다면 어떨까요? 슬라이드가 구명보트가 되는데, 사람도 탈 공간이 부족해 짐은 어차피 버려야 해요. 땅에 비상착륙했을 때도 슬라이드를 타고 탈출한 후에는 가능한 멀리 항공기로부터 벗어나야 해요. 혹시 모를 폭발 사고를 피해야 하니까요.

난동 승객 대처 매뉴얼

최 앞에서 승무원의 역할 중에 보안업무도 있다고 얘기했어요. 기내에 난동을 부리는 승객이 있을 경우 승무원은 기내에서 경찰의 업무를 수행할 수 있다고 법률이 정하고 있어요. 난동이라고 규정할 수 있는 행위는 여러 가지가 있는데요. 크게는 항공기의 보안을 해치는 행위, 인명이나 재산에 위해를 주는 행위, 항공기 내의 질서를 어지럽히거나 규율을 위반하는 행위를 말해요. 좀 더 구체적으로 말하자면, 폭언이나 고성방가, 흡연, 과도한 음주, 약물 복용으로 다른 사람에게 위해를 주는 행위, 성적 수치심을 주는 행위, 항공안전법 제 73조를 위반하여 전자기기를 사용하는 행위, 조종실 출입을 기도하는 행위, 기장, 객실승무원의 업무를 위계 또는 위력으로써 방해하는 행위 등이에요.

이런 행위가 있을 때 승무원은 단계적으로 대처해야 해요. 먼저 방송을 통해 난동을 부리는 승객의 지인에게 자제를 부탁해요. 그다음으로 난동 승객을 직접 찾아가 포박하겠다고 주의를 주죠. 그럼에도 불구하고 난동 행위가 계속되면 포승줄 또는 수갑으로 난동 승객을 격리시켜요.

기내 응급환자 발생시 대응 매뉴얼

최 기내에서 환자가 발생하면 우선 승무원이 환자의 기본적인 상태를 확인하고 필요한 응급처치를 제공해요. 이때 승객의 상태가 중증이거나 승무원이 처치할 수 있는 역량 범위를 벗어나는 경우라면 승객들 중에 의료진이 있는지 확인하고 호출하여 진료를 보도록 해요.

기내에 의료진이 있는 경우 승무원은 기내 의료 장비를 지원해요. 기내에는 간단한 수술을 할 수 있을 정도의 의료장비가 구비되어 있어요. 그런데 기내 의료진이 없거나, 의료진이 있더라도 처치가 어려운 경우라면 지상 의료진에게 연락해 도움을 요청할 수 있어요.

대부분의 항공사는 자체 의료센터나 계약된 지상 의료진이 있어 기내에서 응급상황이 발생했을 때 의학적 조언을 제공해요. 지상 의료진은 기내 환경과 기내 탑재 의료기기 사용에 익숙하고, 또 여러 번의 경험으로 기내 응급상황에 능숙하게 대처할 수 있어서 기내 의료진에게 적절한 조언을 하고 협진을 제공할 수 있죠. 기내 응급처치에도 환자의 상태가 악화되거나 병원으로 빨리 이송이 필요한 경우 기내 의료진, 지상 의료진, 기장 등의 협의에 의해 회항하거나 가까운 곳에 비상착륙을 하게 될 수도 있어요. 환자가 심한 흉통, 심혈관 질환, 경련이나 중풍 등의 신경학적 질환이 의심되는 때 비상착륙을 하게 되죠.

환자가 발생해서 비행기가 회항하게 되면 여러 가지 문제가 생겨요. 목적지까지 운항하기 위해 채워둔 연료를 버려야 하고, 다른 탑승객의 여정에 영향을 주게 되거든요. 그래서 이런 상황을 최소화하기 위해 비행 전 환자 승객의 경우 잘 준비할 수 있도록 홍보도 하고, 기내 응급처치 대응 교육을 강화하고, 장비를 보완하는 등 다방면으로 노력하고 있어요.

편 승무원은 공항으로 출근하고 비행이 끝나면 집으로 퇴근하는 것으로 알고 있어요. 그러면 업무는 어떤 절차에 따라 진행되는 건가요?

최 저희 회사는 스마트워크 시스템을 도입하고 객실승무원 전원에게 태블릿 PC를 지급했어요. 비행에 필요한 각종 정보와 업무 매뉴얼 확인, 기내식 서비스 등 객실승무원이 기내에서 고객들에게 제공하는 대부분의 업무를 태블릿 PC를 통해 하는 것이 스마트워크 시스템인데요. 예전에는 모든 것을 다 서류로 했는데 이제는 태블릿 PC로 하는 거죠. 종이를 쓰지 않는 페이퍼리스 환경이라 비행할 때마다 챙겨야 할 서류가 없어서 편리한 점이 있는 반면에 승무원은 업데이트되는 정보를 자주 확인해야 하는 책임이 있어요.

편 스마트워크 시스템으로 일이 더 편해진 건가요?

최 예전에 객실 브리핑을 할 때는 승무원들이 손에 서류를 잔뜩 들고 나타났어요. 그때는 모두 종이로 각종 운항 정보와 승객 정보 등이 제공되었으니까요. 그런데 지금은 간편하게 회사에서 제공한 태블릿 하나만 들고 오면 돼요. 그 안에 모든 정보가 다 있으니까요. 안 가져온 서류는 없나, 잃어버린 건 없나 살펴야 하는 수고로움은 없어졌어요. 그런데 다른 불편함이 있죠. 만약 태블릿을 안 가져온 승무원이 있다면 정말 곤란해져요. 태블릿마다 고유번호가 있어서 당사자만 열어볼 수 있어요. 보안 등급도 있고, 어떤 정보를 열람했다면 그 기록도 남고요. 다른 사람의 태블릿을 쓸 수 없는 구조죠. 서류를 안 가져왔다면 다른 직원의 서류를 함께 볼 수도 있는데 이젠 그게 안 돼요. 태블릿이 없으면 일을 할 수 없는 구조인 거죠.

물론 승무원 입장에서는 편해진 게 많아요. 그런데 스마트워크 시스템이 승무원에게만 해당되는 건 아니에요. 요즘 자동발권 시스템을 이용해 승객들이 탑승하는 비율이 높아지고 있는데요, 승객 입장에서는 불편한 점도 있어요. 탑승객이 취항지 QR코드를 받아야 하는데, 경로를 잘못 들어가서 다른 나라 것을 받아 탑승하려고 할 때 문제가 생기죠. 발권 단계에서 생긴 오류는 원래 항공사의 책임은 아니라서, 실수로 탑승수속을 잘못한 고객은 탑승할 수가 없어요. 그런 문제를 발견하면 지금까지는 항공사 직원들이 할 수 있는 데까지 최선을 다해서 도와드리고 있어요.

㉠ 승무원의 비행 스케줄은 어떻게 정해지나요?

㉡ 비행 스케줄은 예전부터 무작위로 컴퓨터가 배정하고 있어요. 승무원이 각자 보유한 자격코드를 인식해 컴퓨터가 작업을 하는 거예요. 시간과 노선이 고루 배정되도록 시스템화되어있다고는 하지만 10년 이상 근무해도 못 가본 노선이 있는가 하면, 특정한 도시만 반복해서 배정되기도 해요. 월말이 되면 '다음 달에는 어디가 나올까?'하고 늘 설레는 마음이 있답니다. 취항지에 따라 승무원이 선호하는 노선이 있고 좀 힘든 노선이 있어요. 만약 승무원에게 취항지 선택권이 있다면 매우 경쟁도 치열하고 승무원들 사이에 불만이 있을 거예요. 그런 일을 방지하기 위해 무작위로 배정하고 있는데요. 가끔 승무원이 선호하는 취항지에 자주 배정되는 사람이 있을 수는 있지만 그건 특혜라고 할 수 없어요. 그냥 운이 좋은 거죠.

㉠ 비행 스케줄은 언제 확인할 수 있나요?

㉡ 승무원 비행 스케줄은 한 달 단위로 나와요. 국내선 비행과 국제선 비행의 일정이 혼합되어 있어요. 가끔 국내선 비행

만 하거나 국제선 비행만 하는 승무원은 없느냐는 질문을 받는데요, 한쪽만 담당할 수는 없는 구조예요. 승무원이 한 달에 80시간 정도 비행하는데 국내선으로는 그 시간을 다 채울 수

로마에서

없고요, 국제선만 타는 건 일정에 무리가 있어요. 그래서 적절
하게 섞여 있답니다.

항공기 기종에 따라 달라지는 일은 뭔가요?

㉠ 항공기도 여러 종류가 있어요. 비행할 항공기가 다르면 준비할 것도 달라지나요?

㉤ 항공기의 기종에 따라 준비할 것이 좀 달라요. 일단 보잉인지 에어버스인지 확인해요. 기종을 보는 이유는 제조사에 따라 항공기의 내부 구조가 다르기 때문이에요. 연속해서 동일 기종을 타게 된다면 아무래도 좌석은 물론이고 장비나 설비를 찾을 때 어디에 뭐가 있는지 머릿속에 다 그려지니까 훨씬 자신있게 근무할 수 있을 거예요. 그런데 오랫만에 다른 제조사 비행기를 타게 된다면 구조가 어떻고 기내에 있는 물품이 어디에 있는지 한 번 더 확인해야겠죠. 오래 근무해서 다 알고 있다는 자만은 금물이에요. 기번^{비행기에 매겨져 있는 고유번호}에 따라 작은 개성들이 있답니다. 대략적인 것은 알고 있지만 자주 타지 않아서 혹시라도 놓치고 있는 정보는 없는지 체크하는 거죠. 어떤 물건을 찾을 때 '어디 있지?'하고 생각하지 않고 무의식적으로 찾아낼 수 있어야 하니까요. 또 기종에 따라 좌석의 수가 달라요. 좌석이 100석으로 규모가 작은 항공기가 있는가 하면 400여 석으로 규모가 큰 항공기도 있어요.

⟮편⟯ 항공기 기종에 따라 객실 수는 정해져 있는 건가요?

⟮최⟯ 항공기마다 객실이 몇 석이라고 정해진 건 아니에요. 물론 기종에 따라 규모가 다르기 때문에 객실을 몇 석까지 할 수 있다는 한계는 정해져 있어요. 그 최대치를 넘지 않는 선에서 객실 수는 객실의 등급을 어떻게 구성하느냐에 따라 달라요. 예를 들어 어떤 기종은 245석에서 300석까지 객실을 만들 수 있어요. 퍼스트 클래스과 비즈니스 클래스의 비율을 높이면 245석이 되고, 반대로 퍼스트 클래스를 없애고 비즈니스 클래스와 이코노미 클래스를 최대치로 만들면 300석이 되는 거죠. 항공사는 항공기의 인테리어를 변경하면서 운영할 수 있어요. 비지니스 클래스 수요가 많으면 객실 앞부분을 뚝 잘라서 비지니스 클래스 칸으로 만들어 이코노미 클래스를 줄이고, 이코노미 클래스 수요가 많으면 퍼스트 클래스를 없애거나 비지니스 클래스 칸을 줄이는 등 수요에 따라 탄력적으로 운영하고 있어요. 객실 구성이 달라지면 같은 기종이라도 탑승하는 승무원의 수도 달라지죠.

코로나19가 한창이던 때 항공사에서 여객기의 객실을 없애고 화물을 싣는 구조로 바뀌었다는 뉴스 들어보셨나요? 그때는 거의 모든 국가에서 외국인 입국을 제한하고 화물만 이동할 수 있었기 때문에 항공기 내부를 바꿔서 운항하기도 했답니다.

(편) 탑승객 수에 따라 승무원의 수도 달라지나요?

(최) 탑승객 수에 따라 탑승하는 승무원의 수가 달라져요. 항공안전법 제218조에는 여객기 좌석 수에 따라 최소 객실승무원 탑승 인원을 제시하고 있어요. 20~50석 이하는 1명, 51~100석 이하는 2명, 101~150석 이하는 3명, 151~200석 이하는 4명이고요. 201석 이상의 경우 50석 당 1명씩 추가해요. 이 규정은 실제 탑승하는 승객 수가 아니라 좌석 수를 따르기 때문에 예약율이 낮아도 필수 인원은 탑승해야 하죠.

그런데 약 400석 규모의 항공기들은 최소 인원보다 많은 인원이 탑승해요. 이코노미석을 기준으로 하면 50명 당 1명의 승무원이 할당되지만 비즈니스^{프레스티지}석과 퍼스트 클래스 등급의 경우 상대적으로 적은 인원에 많은 승무원이 할당되거든요. 예를 들어 퍼스트 클래스 승객이 10명이라면 2~4명의 객실승무원이 배치되고, 비즈니스 클래스 승객이 50명이라고 하면 5~8명의 객실승무원이 배치되는 거죠. 그래서 400여 석 항공기의 경우 법정 탑승 승무원은 8명이지만 실제로는 15명 이상 탑승하죠.

편 승객 50명에 한 명의 승무원을 배치한다는 기준은 어떻게 만들어진 건가요?

최 결론적으로 얘기하면 비행기 사고가 났을 때 승무원 한 명이 대피시킬 수 있는 최대 승객 인원이 50명이라는 말이에요. 항공기를 개발하고 제작할 때는 탑승한 전 승객이 90초 이내에 탈출할 수 있도록 항공기 설계를 의무화하고 있어요. 이걸 '90초 법칙'이라고 하는데요. 90초 안에 승객이 비행기에서 탈출해야 승객의 생존율이 높기 때문이에요. 비상탈출을 해야 할 때는 비행기가 불시착했을 경우인데, 비행기는 불시착의 충격으로 화재가 발생할 가능성이 높아요. 화재가 시작되고 90초가 지나면 비행기의 알루미늄 외피가 녹기 시작하고, 기내 온도가 급격히 높아져요. 화재로 인한 연기로 시야가 흐려지고 유독가스로 인해 질식할 위험도 있죠. 그래서 1초가 급해요.

안전 규정에 따라 제작된 항공기가 운항하기 위해서는 AOC_{운항증명} 점검을 받아요. 이를 위해 기장과 승무원, 승객이 탑승해서 비상탈출 데모 훈련을 해요. 90초 이내에 모든 승객이 탈출하면 항공기 운항을 할 수 있지만 90초를 넘기면 항공기 내부 구조를 다시 짜야 해요. 하지만 훈련은 어디까지나 훈련일 뿐 현실과 다른 점이 있어요. 훈련에 참여한 승객들은 짐도 없고, 아이도 없고, 장애를 가진 사람도 없어서 일사분란하게 흐트러짐 없이 탈출하죠. 그런데 실제 비행기에서 비상탈출 하는 영상을 보면 사람들이 실험할 때처럼 승무원의 지시를 잘 따르지 않아요. 비상탈출 상황에서 승객들은 짐을 챙기거나 뒤로 돌아가면 절대 안 돼요. 그런데 승무원이 그렇게 지시하는데도 앞으로 가다가 되돌아가서 짐을 내리는 사람이 있는가 하면, 인도 문화권과 이슬람 문화권의 여성들은 히잡 같은 것을 챙겨 머리를 감싸느라 빠르게 비상구로 뛰어가지 못해요. 사람들과 짐이 엉켜 탈출 가능한 시간 내에 승객이 모두 탈출하지 못해서 희생자가 나오기도 하죠. 실제로 2019년 78명을 태운 러시아 여객기 한 대가 비상 착륙 중 화재가 난 사고가 있었어요. 이 사고로 41명의 승객이 사망했는데, 더 안타까운 건 이분들이 살 수도 있었다는 거죠. 몇 명의 승객들이 수하물 칸에서 짐을 내리고 자신의 백팩을 메느라 뒤에 있던 사람들이 탈출하지 못하게 되었던 거죠. 매우 안타까운데, 문제는 이런 일이 더러 일어난다는 거예요.

(편) 승무원의 객실 배치는 어떻게 하나요?

(최) 항공기의 좌석 수에 따라 탑승하는 승무원의 수가 달라져요. 그리고 좌석 클래스의 구성에 따라서도 다르죠. 가장 낮은

등급의 이코노미 클래스와 가장 높은 등급의 퍼스트 클래스의 가격 차이는 4배 이상 나고 서비스도 차이가 있어요. 이코노미 클래스의 경우 승객 50명에 승무원 1명이 배치된다면 비즈니스 클래스는 10명에 1명, 퍼스트 클래스는 4명에 1명 정도 배치돼요. 예를 들어 대한항공 A380의 경우 퍼스트 클래스는 12석, 비즈니스 클래스가 94석, 이코노미 클래스가 300석 정도 배치되어 승객이 약 400명 정도 탑승해요. 이때 승무원은 퍼스트 클래스에 3명, 비즈니스 클래스에 9명, 이코노미 클래스에 10명이 배치돼서 총 22명이 타죠. 실제로 가장 승객이 적은 항공기는 110석 정도로 승무원 3명이 타요.

㉠ 이 일을 잘하기 위해 노력하는 것이 있다면 알려주세요.

㉡ 승객들이 질문할 때를 대비해서 공부를 많이 해요. 한 분야를 깊게 파는 건 아니고요, 여러 가지를 넓고 얕게 아는 잡학다식에 가깝죠. 취항지에 대한 역사와 유명한 관광지, 환율, 문화 등에 대한 정보는 기본이고 지구과학에 대한 지식도 공부해요. 우리나라에서 유럽으로 갈 때는 10시간 걸리는데 돌아올 때는 왜 9시간 걸리느냐고 묻는 분들이 있어요. 그때는 바람의 방향에 따라 다르다고 말씀드리죠. 지구는 자전하고 있어서 목적지에 따라 항공기가 뒷바람을 맞을 때도 있고 앞바람을 맞을 때도 있어요. 뒷바람을 맞으면 빨리 가고 앞바람을 맞으면 저항이 생겨서 시간이 더 걸리는 거예요. 또 비행기가 낮게 날면 거리가 줄어서 빠를 텐데 왜 높게 나느냐고 물어보시면 항공기가 높이 올라갈수록 공기가 희박해서 속도가 더 난다고 말씀드리고요. 사실 이런 질문에 대답하지 않아도 크게 문제가 될 건 없어요. 다만 기내서비스의 차원에서 고객 응대를 하는 거죠.

LA 하늘에서 바라본 시내 야경

안전하고 편안한 비행의 동반자
승무원

ⓟ 승객이 질문할 것에 대비해 여러 가지 공부를 하시는 거네요.

ⓒ 네. 취항지의 현재 상황은 어떤지 알아보고 우리나라 승객들이 알아야 할 것들이 있는지도 생각하죠. 여행 금지 국가는 아니지만 갑자기 폭동이나 내전이 일어나서 여행객이 특별히 조심해야 한다든지, 현지 물가가 폭등해서 밥값이 비싸졌다든지, 현지 환율이나 현지에서 조심해야 할 것들이 있는지 정보를 확인해요. 이런 정보들은 승무원이 승객에게 먼저 적극적으로 알려드리는 건 아니지만 승객이 문의하면 바로 대답할 수 있어야 하죠. 승객 중에는 날씨 정보와 쇼핑 정보도 알려달라는 분들이 있어요. 날씨 정보는 구글링을 하면 다 나와 있어서 부담없는데, 쇼핑 정보는 사람마다 호불호가 있어서 어디가 더 좋다, 더 싸다 이런 건 말씀 못 드리고 어디에 가면 어떤 물건들이 많다 정도로만 알려드리죠.

ⓟ 알면서도 고객에게 말하지 않는 내용도 있나요?

ⓒ 승객에게 알리지 말아야 할 정보는 거의 없지만 조심해야 할 것들은 있죠. 좋지 않은 내용을 알려드릴 때 전달하는 방법이 꽤 중요해요. 어떤 말투로, 어떤 강도로 얘기하는가에 따라 승객은 다르게 받아들이거든요. 예를 들어 현지에서 좋지 않

은 사건이 있었다거나 현지 사정이 급변할 때는 회사에서 국
토부 전달 사항과 함께 승무원에게 정보를 제공해요. 내용을
숙지하고 있다가 승객이 물어보면 대략적인 이야기는 해요.
그런데 승객들에게 이야기할 때 너무 심각한 말투로 강렬한
단어로 얘기하면 너무 놀라시고 걱정하실 거 아녜요. 그래서
조금 평범한 말투로 "2주 전에 왔는데 조금 안 좋았어요" 정도
로 말씀드리죠.

편 승무원의 근무 시간은 어떻게 되나요?

최 승무원은 한 달 평균 80시간 정도 비행하는데요. 100시간을 넘을 수 없다는 규정이 있고 예외 규정을 두어 상황에 따라 더 근무할 수도 있어요. 한 달 스케줄을 보면 10시간 이상 장거리 비행이 2~3회, 5시간 이상 중거리 비행이 1~2회, 그리고 단거리와 국내선 비행으로 짜여있어요. 대체로 100시간 이내로 비행하지만 사정에 따라서 120시간까지 할 수 있다는 예외 규정이 있어요. 극성수기에 항공기 운항 횟수가 늘면 이런 일이 있죠. 그리고 한 달에 8일은 휴일로 정해져 있어요.

한 달에 100시간 비행이라고 하면 일하는 시간이 적은 것 아니냐고 묻는 분들이 있어요. 주5일 근무하는 직장인에 비해 근무 시간이 적은 것처럼 보이기는 해요. 그런데 비행시간이라는 데 함정이 있어요. 비행은 80~100시간 이내로 하지만 비행 전에 팀원들이 만나서 브리핑하고 비행 준비하는 시간과 비행이 끝나고 정리하는 시간은 포함되지 않아요. 또 한밤중과 새벽에 근무하는 시간, 각종 교육받는 시간과 비행이 연기되었을 때 대기 시간 등도 마찬가지로 근무 시간에 포함되지 않죠. 그리고 승무원은 쉬는 날이 일정하지 않아요. 장거리 비행을 다녀오면 며칠 여유있게 쉬고 단거리 비행은 연달아 있을 수 있어요. 이런 근무 조건은 장점도 있고 단점도 있어요.

ⓔ 승무원의 연봉은 얼마 정도인가요?

ⓒ 저희 회사의 경우 신입 승무원은 2년 동안 인턴 기간을 거치는데요. 초봉은 기본급에 비행수당, 퍼디움^{해외체류비}이 포함되어 약 3,600만 원에서 4,000만 원이에요. 퍼디움은 승무원이 다른 나라에 체류하는 동안 현지에서 생활할 수 있는 체류비를 말해요. 비행시간과 외국 체류 기간이 사람마다 다르고, 달마다 달라서 월급은 조금씩 차이가 있어요. 그리고 소정의 심사를 거쳐 정규직으로 전환되면 4,000만 원 이상의 연봉을 받고, 부사무장 이상으로 진급하게 되면 약 6,000만 원 이상이 되죠. 다른 항공사의 경우 신입 승무원은 약 3,000만 원 이상의 연봉을 받고, 마찬가지로 정규직으로 전환되고 진급하면 연봉이 상승해요.

연봉은 같은 직급이라도 직원마다 다를 수 있어요. 비행시간에 따라 수당이 달라지기 때문이에요. 저희 회사는 보통 한 달에 80~100시간의 비행을 하는데 80시간과 100시간도 차이가 있어요. 그래서 직원들 간에 편차가 없도록 80시간은 보장하는 편이에요. 그런데 비행시간은 회사마다 편차가 있더라고요. 어떤 회사는 60~70시간 정도만 비행을 하는데요, 그러면 아무래도 연봉이 적을 수밖에 없죠. 지원할 때 연봉 조건을 따져보면 좋을 거예요.

㉠ 승무원의 정년은 어떻게 되나요?

㉢ 이 일의 정년은 60세예요. 그런데 임금피크제의 적용을 받아서 임금이 가장 많은 나이는 56세죠. 예전에 정년이 55세였을 때를 기준으로 정년을 60세로 늘렸어요. 그래서 56세의 임금이 가장 많고, 만 60세 정년퇴직까지 매년 전년 임금의 10%씩 감액되는 거예요. 만 60세 때 다시 5년 연장하는 방안이 논의되고 있는데, 아직 실행된 건 아니에요. 그래서 지금은 퇴직하고 항공 관련 업체에 파견직으로 가는 분들이 있어요. 물론 그 나이가 되면 대부분 사무장으로 퇴임을 하는데요, 일을 하고자 하는 의지가 있다면 연봉을 낮추어 관련 업체에서 일할 수 있어요. 외국의 경우 본인의 의사에 따라 60세가 넘어서도 승무원으로 일하는 분들이 꽤 있으세요. 예전에 80세가 넘어서도 현역으로 근무하는 승무원 할머니가 소개되어 깜짝 놀랐던 적도 있어요. 우리나라도 앞으로 그렇게 되지 않을까 조심스럽게 예측해 봐요.

㉠ 승무원이 다른 분야로 진출도 하나요?

최 이 일과 전혀 다른 분야로 진출한 분들은 거의 없는 것 같아요. 승무원을 그만 두고 공부해서 대학교수가 되는 분들도 있고, 아카데미에서 강사로 일하는 사람들도 많죠. 그리고 아주 다른 분야는 아니지만 회사 내에서 전직을 해서 해외 지점으로 파견 근무를 가는 사람들도 좀 있어요. 주로 해외에 꼭 살고 싶은 사람들, 자녀를 유학 보내고 싶은 사람들이 이런 쪽으로 이직을 하는 것으로 알고 있어요.

Ⓔ 승무원의 직급 체계는 어떻게 되나요?

Ⓒ 처음엔 수습 승무원으로 일해요. 일반 회사의 인턴 사원과 같은 개념으로 일정 기간 교육을 받아요. 대한항공은 2년 정도 수습 승무원으로 일하는데요, 항공사마다 수습 기간은 달라요. 정식 승무원이 되면 플라이트 어텐던트^{Flight Attendant, FA}라 부르고 직급은 5급 정도에요. 그 위로 4급은 부사무장^{Assistance Purser, AP}, 3급은 사무장^{Purser, PS}, 2급은 선임사무장^{Senior Purser, SP}, 1급 이상은 수석사무장^{Chief Purser, CP}이 있죠. 각각의 직급에서 3~4년 이상 일하고 자격심사를 거쳐 진급을 할 수 있어요.

직급에 따라 하는 일을 간단히 설명할게요. 사무장은 먼저 객실 브리핑을 주관하고 탑승한 승무원들에게 각자 할 일을 나누어 줘요. 비행 전엔 기내 설비 및 장비의 작동을 점검하고, 기내서비스의 진행을 관리하고 감독하죠. 항공기 출입항 서류 등 관련 서류를 관리하고, 특별 승객을 관리해요. 비행 중에 발생하는 비정상적인 상황예를 들어 불만 고객을 응대하는 일, 고장난 좌석이나 시스템을 복구하는 일 등을 해결하고, 퍼스트나 비즈니스 클래스 승객을 위한 서비스를 수행해요. 비행 안전을 위해 여러 가지 조치를 취하고요. 그리고 해외에 승무원들과 머무를 때는 승무원을 관리하고 해외 지점과의 업무 연계를 유지는 일도 하죠.

부사무장은 보통석의 승객 서비스를 수행하고 관리하는 일을 해요. 기내서비스 용품의 탑재 여부를 확인하고, 비행안전에 대한 제반 업무를 수행하죠. 또 수습 승무원을 지도하고 일반승무원의 업무도 수행하고요. 그리고 제도적으로 사무장 유고 시에 임무를 대행하는 역할이 맡겨져요. 일반승무원은 승무 중에 할당된 업무를 해요. 마지막으로 현지 승무원은 해당 언어권 승객의 의사소통을 원활하게 해주고 비행 중의 모든 기내 방송을 자국어로 실시하는 역할을 해요.

㉠ 승무원이 되면 어떤 복지제도가 있나요?

㉢ 승무원 복지하면 가장 먼저 떠오르는 것은 항공권이죠. 승무원은 연간 35매 정도의 항공권을 사용할 수 있는데요, 유류세 정도의 비용으로 탑승할 수 있어서 매우 유용하게 사용할 수 있죠. 그리고 반값 항공권은 무제한으로 제공되고 부모님을 위한 효도 항공권, 배우자 및 가족 항공권, 신혼여행 항공권 그리고 10년, 20년, 30년 근속에 따라 부여되는 항공권과 여행비 지원 등도 있어요.

신혼여행 갈 때 비즈니스 좌석을 주고, 부모님이 60세가 되면 효도 항공권이 나오는 거예요. 비즈니스 좌석으로 승급도 가능해요. 항공권 혜택이 많은데 사실 승무원은 시간이 없어서 다 쓰지 못해요. 오히려 가족들이 그 혜택을 누리니까 더 좋아하시죠.^^ 그 밖에도 건강지원이나 여가 생활 지원, 자녀 학자금 지원 등이 있답니다.

㉠ 승무원은 여성이 다수를 차지해요. 이와 관련하여 육아휴직 제도는 어떤가요?

ⓒ 요즘엔 제도적으로 뒷받침이 잘 되어 있기는 한데 직장에 따라 눈치 보지 않고 자유롭게 육아휴직을 쓰지 못하기도 하는 것 같더라고요. 그런데 저희는 달라요. 승무원이 임신을 하면 비행에서 제외돼요. 기압이 다른 기내 환경으로 인해 아이에게 좋지 않은 영향을 미칠 수 있고, 비행 도중 위급 상황이 발생할 경우 바로 조치할 수 있는 게 없기 때문이에요. 그래서 임신 진단을 받는 순간 임신 휴가를 쓰고, 출산 휴가, 육아휴직을 다 쓰면 2년 정도 휴직할 수 있죠. 그리고 복직했더라도 아이가 만 8세 이하까지 육아휴직을 사용할 수 있어요. 다 합쳐서 3년까지는 자유롭게 사용할 수 있어요. 이렇게 육아휴직을 쓸 수 있다고 하면 복직은 원할 때 되는 거냐고 걱정하는 분들이 있어요. 그런 걱정은 하지 않아도 돼요. 육아휴직 후 복직하고 싶은 시점에 기본 안전 및 객실 교육 등 필수 교육을 다시 받으면 되니까요.

㉠ 승무원의 유니폼만으로도 어느 나라, 또는 어느 항공사인지 알 정도로 유니폼은 항공사의 얼굴 역할을 하는 것 같아요. 대한항공 유니폼은 어떤 뜻이 담겨있을까요?

㉢ 현재 저희 회사의 유니폼은 2005년 3월부터 입기 시작했어요. 이탈리아 3대 디자이너 중 한 사람인 지안프랑코 페레에가 디자인했는데요. 한국의 우아한 미에 세련미를 더해 혁신적인 유니폼이라는 찬사를 받았죠. 유니폼의 청자색은 청명한 가을 하늘과 한복, 청자에서 착안해 한국적인 색을 나타냈고요, 비녀를 연상시키는 헤어 액세서리와 비상하는 느낌을 살린 스카프로 눈길을 끌었죠. 외국에 나가면 사람들의 반응이 참 좋아요. 특히 유럽인들이 좋아하죠. 한복의 옷고름이나 비녀, 이런 것들을 굉장히 신기해하고 독특하게 보니까 그런 것 같아요.

(편) 유니폼이 좀 불편해 보인다는 의견도 있는데, 어떻게 생각하세요?

(최) 과거로 갈수록 조금 불편하게 입었던 것 같아요. 그런데 요즘에는 항공사마다 개성있는 유니폼, 좀 편한 유니폼으로 변하는 추세예요. 승무원이 하는 일의 성격상 치마가 불편하다는 의견도 많은데요. 바지 유니폼도 있으니까 취향대로 입으면 되요. 저는 학창 시절에는 치마를 거의 입지 않았는데 습관이 돼서 그런지 유니폼은 치마가 편하더라고요. 실제로 어떤 항공사는 남녀 승무원 모두 청바지를 입기도 해요.

유니폼에서 승무원이 가장 불편하게 여기는 게 구두예요. 사실 어느 신발을 신어도 객실에서 열 몇 시간을 일하면 다 힘들고 아파요. 예전에는 규제가 많아서 높고 불편한 구두를 감내했었죠. 그런데 요즘엔 규제가 다 풀렸어요. 굽의 높낮이나 모양에 상관없이 검정색 구두만 신으면 되는 것으로요. 복장 규정은 아마도 점점 완화되지 않을까 생각해요. 곧 저희 회사도 유니폼을 바꾸는데요, 아직은 어떻게 변할지 모르겠어요.

Ⓟ 오랫동안 승무원으로 일하셨어요. 그 경험으로 보아 이 일의 어떤 점이 힘든지 말씀해주세요.

Ⓒ 고객 서비스를 담당하는 사람들이 공통으로 느끼는 어려움일 것 같아요. 집에서 엄청 힘든 일이 있었는데 유니폼을 입는 순간 밝은 미소를 짓고 명랑한 목소리로 고객을 친절하게 맞이해야 해요. 어떤 때는 제가 연기를 참 잘하는구나 생각할 때도 있어요. 그럴 만큼 개인적인 고민이나 몸이 좀 아픈 건 참고 견뎌야 하는 게 힘든 것 같아요. 특히 육아하는 엄마들인 경우 아이가 열이 펄펄 나고 아픈데 장거리 비행이 잡혔을 때 힘들어 해요. 저도 예전에 그랬고요. 하지만 이런 걸 감추고 고객에게는 밝고 친절한 모습으로 대해야 하잖아요. 어떤 승무원이 그날따라 유난히 밝게 미소를 짓고 목소리 톤이 평소보다 살짝 올라가 있으면 신입 승무원은 "오늘 좋은 일 있으신가 봐요"하고 인사하는데, 경력이 좀 있는 승무원은 '저 사람이 오늘 좋지 않은 일이 있어서 과장되게 웃고 말하는구나'하고 알아채죠.

하지만 고민거리가 많을 때 일하러 나오는 게 또 도움이 되기도 해요. 어떤 일은 아무리 걱정하고 고민해도 당장 해결되지 않을 수 있잖아요. 시간이 흘러야 하는 것도 있고요. 남자친구(혹은 여자 친구)와 다퉜을 때도 강제 휴전이 되니까, 그럴 때는 다 잊고 일하는 게 오히려 도움이 되더라고요. 물론 아이를 두고 온 엄마들은 걱정이 되는 건 사실이에요. 그래서 도착 시간이 가까워질수록 보고 싶고, 집으로 향하는 발걸음이 설레죠. 이렇게 가족과 잠시 떨어져 있는 시간이 있어서인지 더 애틋해서 함께 있을 때는 더 잘해주고 그래요.

편 이 일을 하는 사람들이 공통적으로 가지고 있는 습관이나 직업병이 있다면 어떤 것이 있을까요?

최 아까 위험한 기상 상황이 감지되면 승무원들이 평온한 척하며 기내를 돌면서 바깥으로 삐져나온 물건을 다 집어넣는다고 했잖아요. 저희는 그걸 '물건을 때려 박는다'고 표현하는데요.^^ 그게 이 직업을 가지고 있는 사람들이 공통적으로 가진 습관이에요. 승무원들 집에 가본 사람들이 한결같이 하는 말이 있어요. 어쩌면 눈에 보이는 곳이 정리가 그렇게 잘 되어 있냐고요. 옷이나 물건이나 바깥에 나와 있는 게 없어요. 옷장이나 수납장 안에야 어떻게 정리됐는지는 모르지만 바깥에 보이는 것들은 모두 각이 딱 잡혀서 정리되어 있죠. 그리고 승무원들끼리 커피숍에 모여서 커피 마시면서 잡담하는 중에 누군가는 무의식중에 테이블 정리를 하고 있어요. 휴대폰도 가지런히 놓고 컵과 접시도 나란히 놓고요.

저희가 이런 습관이 몸에 밴 건 일과 관련이 있죠. 비행기 실내 공간은 굉장히 좁아요. 좁은 공간에서 가장 효율적으로 물건을 수납할 수 있도록 공간 배치를 하고 넓게 보이게끔 계산해서 인테리어를 해 놨어요. 또 선반이나 좌석이 사람들이 지나다니면서 부딪히거나 긁히지 않도록 각을 맞춰서 유선형으로 매끈하게 마감이 되어 있죠. 승무원이 앉는 좌석은 객실 전체를 볼 수 있어요. 거기 앉아서 보면 선반 문이 잠기지 않아서 벌어져 있거나, 선반과 덮개가 딱 맞지 않아서 튀어나온 부분이 다 보여요. 또 바닥이나 의자의 나사나 못이 나온 것도 잘 보이죠. 선반은 항상 딸깍 소리가 나게 잠겨야 해요. 그렇지 않으면 착륙할 때나 난기류를 만나 기체가 흔들릴 때 안에 있는 물건이 쏟아져 승객이 다치는 사고가 날 수 있어요. 저희는 그 부분에 매우 민감해서 그런 부분을 발견하면 운송 직원과 정비 직원에게 가서 고쳐달라고 요구해요. 빨리 고쳐주지 않을 때는 고쳐줄 때까지 연락하고 찾아가서 귀찮게 굴기도 해요. 그분들도 매일 일이 많아서 바쁜 건 알지만 안전과 관련된 문제는 저희도 기다릴 수가 없어요.

기내서비스를 할 때 주의할 점이 있나요?

편 손님들을 응대할 때 주의해야 할 것이 있나요?

최 시대마다 손님들이 찾는 식음료가 좀 달라요. 승무원은 칵테일 제조법도 배우는데요. 요즘엔 새로운 음료를 찾는 젊은 손님들이 있어요. 한 번은 젊은 손님이 '더티 마티니^{Dirty Martin}'를 한 잔 주문했어요. 근데 저는 그게 뭔지 모르겠는 거예요. 그래서 젊은 직원에게 물어왔죠. 진과 드라이 버모쓰를 반반씩 넣고 그 위에 올리브를 띄우는 게 고전적인 드라이 마티니인데 거기에 올리브 절인 소금물을 조금 넣은 것을 더티 마티니라고 한대요. 제가 칵테일에 관심이 없어서 몰랐는데 후배들에게 배웠어요.^^

음식과 관련한 에피소드도 많죠. 기내식은 3개월마다 한 번씩 달라져요. 언젠가 봄철에 퍼스트 클래스 후식으로 두텁떡이 나온 적이 있어요. 이건 따뜻하게 먹어야 맛있으니까 기내에서 따뜻하게 보관했다가 손님들에게 드렸어요. 그다음 여름에는 녹두 인절미가 후식으로 나왔어요. 승무원들이 두텁떡처럼 따뜻하게 보관했는데 문제가 생겼죠. 녹두는 따뜻한 곳에 두면 금방 쉬어요. 저야 시골에서 자랐으니까 잘 알지만 요즘 젊은 친구들은 잘 몰라서 실수를 한 거죠. 결국 인절미가 다 쉬어서 후식으로 제공하지 못했던 일도 있었죠. 이런 걸 보면 식음료에 대한 관심이 많은 사람이 승무원이 되면 도움이 되겠다 싶어요.

㉠ 승무원이 지켜야 할 업무상 비밀 같은 것도 있나요?

㉡ 있죠. 승무원이 조심해야 하는 것은 승객과 관련한 거예요. 어느 비행기 편에 누가 탔더라, 동승자는 누구더라, 이런 이야기가 돌지 않도록 조심하죠. 특히 아이돌이 탑승객 명단에 있을 때 이 정보가 사전에 유출되면 처벌도 받아요. 그만큼 승객 정보는 철저하게 보안 사항이에요. 객실 서비스를 하다 승객들끼리 하는 이야기를 들었더라도 못 들은 척해야 해요. 요즘에 좀 신경쓰는 것은 SNS에 기내 사진이 실리는 거예요. 기내에는 승객이 몰라도 되는 공간, 승무원들의 사적인 공간도 있는데 젊은 사원들이 가끔 이런 공간의 사진을 찍어서 개인 SNS에 올리더라고요. 법적으로 문제될 건 없는 사진이 대부분이지만 제가 봤을 때는 굳이 공개하지 않아도 되는 것은 그대로 두었으면 하는 바람이 있죠.

승무원 자격을 유지하기 위한 교육이 따로 있나요?

ⓟ 승무원이 되고 나서도 정기적으로 받는 교육이 있나요?

ⓒ 모든 승무원은 자격을 유지하기 위한 정기 안전훈련을 1년에 한 번 받아야 해요. 항공법에 '승무원이 승무 자격을 유지하기 위해서 일정 기간 내에 반드시 정기 안전 훈련을 이수할 것'이라고 명시되어 있어요. 정기 안전훈련 이수 후 13개월 안에 재이수하지 않으면 비행을 할 수 없어요. 그밖에 성희롱 예방 교육, 산업안전 교육, 직장 내 괴롭힘 방지 교육 등 대한민국 직장인이 받아야 하는 교육을 받아야 하는데요. 요즘엔 온라인으로도 가능해서 좀 편리해졌어요.

이런 필수 교육 외에 상시 교육도 있어요. 회사 안에 상시 교육이 가능한 장소가 있어서 출근할 때 조금 일찍 나가서 필요한 교육을 받기도 해요. 새로운 장비나 기자재가 들어왔을 때 용도와 작동 방법 등을 배우죠. 비행기 안에 사용하는 장비들이 꽤 많아요. 시간이 지나면 이런 장비들이 노후화되거나 고장 나서 새 장비로 교체하면 한 번씩 들러서 교육을 받아요. 단체로 받을 수도 있고, 개인적으로 받을 수도 있어요. 강사가 상주해 있기 때문에 언제라도 필요할 때 설명을 들을 수 있어요.

승무원에게
궁금한 이야기

㉠ 같은 항공편인데 항공료가 달라요. 그 이유는 뭔가요?

㉡ 승객 중에 어떤 분은 항공권을 200만 원에 샀는데 저 사람은 150만 원에 샀다더라며 승무원에게 왜 그러냐고 물어보기도 해요. 참 대답하기 난감하죠. 왜냐면 300명의 승객이 있으면 300명 모두 다른 값에 샀다고 보면 맞아요. 항공권을 언제 샀는가, 어디를 통해 샀는가, 어떤 조건이 붙어있는가에 따라 값이 다 다르거든요. 또 노선에 따라 성수기와 비수기가 있는데 언제 이용하는가에 따라서도 다르고요.

　기본적으로 항공권 가격은 유가의 영향을 많이 받죠. 갑자기 어느 지역에 전쟁이나 분쟁이 나서 유가가 폭등했다면 항공권도 그 영향을 받아요. 그리고 전 세계에 영향을 미치는 큰 사건이 나면 항공기로 이동하는 사람이 확 줄기 때문에 항공권 가격이 올라가고요. 근래에 변동이 가장 컸던 시기는 2001년 9.11 테러가 일어난 직후와 코로나19 시기였어요. 9.11 테러 직후 승객이 급감하면서 항공권이 많이 올랐죠. 대신에 승객이 적으니 이코노미 클래스에 탔는데 양옆에 승객이 없어서 좌석 한 줄에 누워서 가기도 했죠. 코로나19 때는 좀 오랜 시간 거의 모든 항공편이 운항을 못 했기 때문에 항공권이 엄청나게 비싸기도 했고요.

(편) 예전에는 승객의 안전 교육을 승무원이 직접 시연하면서 했는데 요즘엔 기내 안전 비디오를 틀고 있어요. 비디오는 어떻게 만들게 되었나요?

(최) 승객 안전 교육을 어떻게 하는 게 효과가 좋을까, 항공사에서는 고민이 많았어요. 재미없는 내용이지만 승객들이 반드시 알아야 할 내용이니까요. 그래서 승객의 눈과 귀를 사로잡을 방법을 고민하다가 유명인이 출연하는 게 가장 효과가 좋다는 연구 결과에 따라 저희 회사는 아이돌이 등장하는 기내 안전 비디오를 만들게 되었어요. 2019년에 만들어진 대한항공 기내 안전 비디오에는 샤이니의 태민, 엑소의 백현과 카이, NCT 127의 태용과 마크, 중국 그룹 웨이션브이Way V의 텐과 루카스 등이 출현해 케이팝 뮤직비디오 형식으로 기내 안전 수칙들을 전달해요.

유명 연예인이 출현해 재미있게 비디오를 만드는 항공사가 꽤 있어요. 에어뉴질랜드Air New Zealand는 영화 〈반지의 제왕〉을 모티브로 판타지 영화처럼 만들었고, 영국항공British Airways은 유명 스타가 나와 오디션을 보는 컨셉으로 만들었어요. 또 버

진아메리카Virgin America는 비보이와 래퍼 등이 나와서 마치 한 편의 뮤지컬을 보는 듯한 느낌의 비디오를 만들었죠. 이렇게 요즘엔 기내 안전 비디오도 승객들의 눈과 귀를 사로잡기 위해 유명인들이 나와 재미있고 즐겁게, 또 독특한 컨셉으로 만들어지고 있어요.

㉠ 유명 연예인이 노래와 춤을 추면서 안전 교육을 하는 비디오는 효과가 있나요?

㉢ 딱딱하게 정보를 전달하는 형식의 교육보다 뮤지컬 형식이나 노래로 전달하는 게 승객들이 더 잘 기억한다고 해요. 나름대로 효과가 있다고 봐야겠죠.

㉠ 승객이 비행기에 놓고 내린 물건이 실제로 많은가요?

㉣ 저희가 디브리핑까지 마치고 비행기에서 나와 걷고 있으면 우리 승객이 막 뛰어오는 모습을 볼 때가 있어요. 그분들은 대부분 여권이나 핸드폰을 놓고 내린 분들이세요. 입국 심사하려고 줄을 서 있다가, 또는 휴대폰을 쓰려고 찾다가 이제 놓고 내렸다는 것을 깨닫고 막 거꾸로 뛰어오시는 거죠. 여권이나 휴대폰은 납작하니까 좌석 사이에 떨어졌다거나 어느 구석에 빠졌을 때는 금방 안 보일 때가 있어서 잃어버리는 분들이 꽤 있어요. 저희가 유실물을 걷어서 다 가지고 있으니까 얼른 건네 드리죠. 어떤 분들은 꽤 큰 짐도 놓고 내리세요. 수하물로 부친 줄 착각하신 거죠. 저희는 이렇게 거둬들인 유실물을 모아 밖에 나가 유실물 센터에 맡겨요.

㉠ 승객들이 놓고 내린 유실물이 문제가 되는 경우는 없나요?

㉣ 승객이 다 내린 후에 액체류나 전자기기가 발견되면 문제가 커져요. 이건 유실물로 분류되지 않고 보안팀을 불러야 할

중요한 문제죠. 이런 물건이 발견되면 기내를 샅샅이 뒤져야 해요. 아이들 장남감인데 배터리가 들어가는 것, 각종 충전기 등이 나오면 단순히 장남감이고 충전기라고 여기고 유실물로 분류해서는 안 돼요. 전자기기와 호환이 될 수 있는 물건은 보안팀에 건네는 게 원칙이에요. 이런 원칙을 잘 지키는지 국토부에서 불시 점검도 하기 때문에 소홀히 지나치면 안 돼요.

요즘엔 전 세계가 항공 보안이 철저하잖아요. 그래서 작은 거라도 허투루 보아서는 안된다는 교육도 많이 받고, 국토부에서 비행기 안에 뭔가를 숨겨놓고 찾게 하는 정기 점검도 있어요. 실제로 얼마 전에 국토부에서 실탄 모형을 숨겨놓고 찾으라고 한 적이 있어요. 이 시험의 발단은 비행기 화장실에서 탄피가 발견된 사건이었어요. 미군이 탄피를 버리고 간 게 화근이었어요. 미국은 우리보다 총기에 대한 생각이 관대한 편이니까 미군이 일반 쓰레기로 생각해서 버리고 간 거였어요. 우리가 그렇게 고생할 줄 알았다면 그런 행동을 하지는 않았겠죠.

또 탄피를 발견한 승무원이 보안팀에 연락해서 인계하는 과정에서 잃어버린 일도 있었어요. 뉴스에는 실탄을 잃어버렸다고 나왔지만 오보였고요 실제로는 탄피였죠. 미군 측에서는 실탄이 아니어서 별 것 아니라는 반응이었는데, 국토부는 심각하다고 여기고 시험했어요. 여러 항공사 비행기 안에 실탄 모형을 숨겨 놓고 찾는 시험을 한 거죠. 그때 저는 참여하지 않았는데 저희가 가장 많이 찾았다고 하더라고요. 하나도 못 찾은 항공사도 있었고요. 이렇게 알려주고 하는 정기 점검도 있지만 알려주지 않고 하는 불시 점검도 있어요. 그러니까 승무원은 이상한 게 발견되면 아무리 작은 것이라 하더라도 그냥 넘어가서는 안돼요. 보안의식이 철저해야 하죠.

(편) 승객이 모두 하기한 후에 미처 발견하지 못한 것이 남아있는 경우나 기내에서 정돈되지 않은 것을 발견할 때도 있겠네요. 그럴 때는 어떻게 하세요?

(최) 객실 안에는 여러 장비가 있다고 앞에서 얘기했는데요. 매번 탑승할 때마다 장비를 열어보고 확인할 수는 없어요. 승무원이 확인하는 것은 그게 있어야 하는 모양으로 있는지예요. 장비마다 원래 있어야 하는 형태가 달라요. 끈으로 묶여 있는 것, 비닐 패킹이 되어 있는 것, 땜질이 되어 있는 것 등이죠. 만약 완벽한 상태로 있지 않고 누군가 뜯어놓은 상태로 있거나 다른 상태로 있는 것을 발견하면 그냥 누가 썼나보다고 생각하고 넘어가면 안돼요. 그걸 발견하면 담당자에게 연락해서 왜 이 상태로 있는가 묻고, 싣고 오다가 뜯어졌다는 등 타당한

이유가 있으면 괜찮아요. 그런데 왜 저렇게 되었는지 아무도 모른다면 일이 커지죠. 그때는 반드시 회사에 알리고 보안 점검을 받아야 해요. 비행기가 이륙을 하고 나서 뭔가 이상한 점이 발견돼서 불시착한 일도 있었어요. 그래서 보안 점검을 하는 일은 정말 너무너무 중요하죠.

ⓔ 국제선 비행 때 외국에 체류하는 시간은 어떻게 보내나요?

ⓒ 장거리 국제선 비행을 나갔을 때는 현지에서 길게는 이틀 정도 머물면서 피로를 풀고 다음 비행을 준비해요. 15시간 이상을 쉬지 않고 일했기 때문에 업무 강도가 높아서 휴식 시간을 가지는 거예요. 회사에서는 헬스장이 있는 호텔을 예약해 주고 운동을 많이 권장해요. 운동하고 햇볕 쬐면서 산책하면 회복 속도가 좀 빠르거든요. 그런데 사람에 따라 회복 속도가 다르고 피로를 푸는 방식이 달라서 어떤 게 가장 좋다고 할 수는 없어요.

ⓔ 장거리 비행은 시차가 많이 나는데, 이건 어떻게 극복하세요?

ⓒ 시차 극복하는 방법도 사람마다 달라요. 도착하자마자 잠을 자는 사람이 있고, 현지 시간에 맞춰서 낮이라면 깨어있고 밤에 자는 사람이 있고, 한국 시간에 맞춰서 생활하는 사람이 있고요. 어느 방법이 좋다고 말할 수는 없고요, 저마다 자기 방

14년 바다도 있는 텔아비브

식으로 극복하고 있어요.

Ⓟ 외국에 머무는 시간 동안에는 뭘 하면서 시간을 보내세요?

Ⓒ 유럽에 가게 되면 볼 게 많아서 승무원들끼리 팀을 이뤄 현지 가이드를 고용해 투어를 하기도 해요. 이렇게 투어할 때는 가이드에게 승무원 단체라고 꼭 말씀드려요. 그러면 투어 일정을 빡빡하게 안 짜고 한 두 곳만 알차게 보고 나올 수 있는 프로그램을 짜 주세요. 승무원은 다음에도 또 올 거잖아요. 그래서 일반 여행객처럼 바쁘게 이곳저곳을 훑으면서 다닐 필요가 없어요. 한 곳이라도 집중적으로 깊게 보는 게 더 좋아요. 가이드도 승무원이라고 하면 좋아하세요. 여기저기 정신없이 다니지 않아도 되니까요.

요즘에는 개인적인 활동을 하는 경우가 더 많아요. 워낙 정보도 많고 인터넷만 터지면 혼자서도 충분히 여행을 할 수 있잖아요. 그래서 승무원들의 관심사는 어디가 인터넷이 잘 터지는가, 와이파이가 잘 연결되는가, 어느 회사의 포켓 파이가 잘 터지는가 이런 거예요. 젊은 승무원들은 혼자서도 잘 다니고, 어떤 사람은 그냥 호텔 안에서 지내기도 해요. 개인이 선택한 대로 지내다가 건강하게 돌아가는 게 중요한 것 같아요.

유명 연예인이 탑승하면 무슨 일이 벌어지나요?

㉠ 연예인이나 유명인이 비행기에 탑승하기 위해 공항에 있는 모습이 기사화되기도 해요. 유명 연예인이 탑승객으로 오면 가끔 팬들도 따라 탑승해서 소란스러운 일이 일어나기도 한다는 기사도 있었어요. 실제로 그런 일이 있나요?

㉡ 연예인이 대규모로 이동하는 시기는 연말이에요. 연말에 외국에서 각종 시상식이 열리잖아요. 아카데미 시상식이나 그래미 시상식, 또 아시아 여러 지역의 시상식들도 있고요. 특정 브랜드 앰베서더로 활동하는 한류 연예인들이 많으니까 패션위크 시즌에 이동하는 분들, 국내 국제 영화제 시즌에 탑승하는 배우와 가수들이 많아요. 이 시기에는 연예인들이 탑승하는 비행기에 팬들도 많이 타고 이동해요. 이런 때 저희는 긴장해요. 연예인이 탑승할 때 팬들이 우르르 쏟아져 들어올 때가 있거든요. 누구 한 사람이라도 넘어지면 큰 사고가 나는 거죠. 정말 조마조마한데요, 여러 해 경험을 하니까 이런 상황에 대처하는 요령도 생기더라고요. 탑승객 중에 팬들이 많을 경우 저희는 미리 경보회사 직원들을 섭외해요. 그리고 사복은 입지 말고 회사 유니폼을 입어달라고 부탁하죠. 이분들은 연예

인이 이동할 동선을 따라 공간을 만들고, 돌발 행동을 하는 팬들이 있을 때를 대비해요.

㉠ 비행기 안에서 다른 문제는 없나요?

㉡ 연예인들은 대부분 퍼스트 클래스이나 비즈니스 클래스에 타기 때문에 이코노미 클래스나 구분된 공간에 있어요. 하지만 객실의 공간 구분이 커튼 한 장의 차이라 누구라도 마음만 먹으면 넘어갈 수 있어요. 그래서 저희는 승객들을 유심히 관찰하다가 누군가 튀어나와서 넘어가려고 하면 얼른 커튼 앞에 가서 지켜요. 객실 서비스가 끝나면 승무원 식사 시간이 있는데요, 그때도 한꺼번에 식사하지 않고 번갈아 하면서 통로를 지키는 역할을 하죠. 저희가 최선을 다해 질서를 유지하려고 하지만 연예인의 앞자리나 옆자리에 자리 잡은 승객들의 행동까지 막을 수는 없어요. 그건 정말 어쩔 수 없는 일이죠.

그리고 착륙해서 내릴 때 조심해야 해요. 그때 제가 제일 많이 하는 말이 "뛰지 마세요"예요. 퍼스트 클래스와 비즈니스 클래스 손님이 먼저 내리고 이코노미 클래스 손님이 나중에 내리잖아요. 그러면 제일 앞에 서 있다가 팍 뛰어나가는 팬들이 있어요. 어디에 걸려 넘어지기라도 할까 봐 걱정이 돼서 저도 모르게 뛰지 말라는 말을 계속 하더라고요.

그런데 이런 현상이 오랫동안 지속된 건 아니에요. 요즘엔 그런 극성 팬들이 많이 사라졌어요. 팬 문화가 안정되는 것 같더라고요. 그렇다고 아주 안심할 수는 없어요. 돌발 상황은 언제라도 발생할 수 있으니까 만반의 준비를 하고 있어야죠.

㉠ 드라마나 영화에 승무원이 많이 나와요. 승무원이 보기에 현실과 같거나 다른 점은 무엇인가요?

㉤ 얼마 전 어느 드라마에 승무원이 나왔어요. 승무원이 기내에서 팔아야 하는 면세품의 양이 할당되어 있고, 많이 파는 승무원이 유능하다는 거였어요. 근데 이건 사실과 달라요. 기내에서 면세품을 파는 것은 승객들을 위해 서비스 차원에서 하는 것이지 판매량이 많다고 실적이 되는 건 아니에요. 팔지 않아도 전혀 불이익이 없고요. 드라마나 영화에 나오는 승무원의 모습이 많이 왜곡되어 있어서 불만이 있을 때가 있답니다.

㉠ 승무원이라는 직업을 이해하고 싶은 청소년에게 추천하는 작품이 있다면요?

㉤ 저희는 드라마나 영화 속 승무원의 모습은 현실과 많이 다른 것 같다고 생각해요. 이렇게 틀린 데도 마치 사실인 것처럼 나오니까 좀 속상하죠. 그리고 요즘 비행기가 배경이 된 영화는 대부분 재난 영화더라고요. 현실에서는 잘 일어나지 않는 상황이라 그 안에서 행동하는 승무원의 모습도 실제와 많이

다르죠. 그래도 제가 본 영화 중에 가장 승무원의 현실에 가까웠던 것은 〈해피 플라이트〉(2008년)라는 일본 영화였어요. 조금 오래된 영화라 지금과는 다른 구석이 좀 있기는 하지만 그래도 이 일을 이해하는 데 도움이 될 것 같아요.

㉑ 승무원의 매력은 뭐라고 생각하세요?

㉔ 이 일은 개인 시간이 많은 편이에요. 주중 아침에 출근하고 저녁에 퇴근하는 직장의 경우 퇴근 후 밤이나 주말에만 개인 시간을 가질 수 있잖아요. 근데 승무원은 몰아서 일하고 며칠 쉬는 근무 형태라 개인 시간을 많이 가질 수 있어요. 평일에는 복작거리는 유명한 장소도 꽤 한적하니까 찾아가서 시간을 보낼 수도 있죠. 그리고 비행이 끝나면 업무 스트레스가 없어요. 업무를 능숙하게 할 수 있는 시기가 되면 따로 이 일을 위해서 해야 하는 일이 없으니까요.

회사 내에서 부서 이동도 할 수 있어요. 승무원올 하나가 다른 부서로 가기도 하고 다른 부서에서 승무원으로 들어오기도 하는데요. 대체로 승무원은 다른 부서에 잘 가지 않아요. 오히려 다른 부서에서 승무원 쪽에 결원이 없나 살피면서 이동할 기회를 노린다고 해요. 왜냐면 일을 좀 오래 하다 보면 몸으로 하는 일이 좀 편하다는 생각을 할 때가 있어요. 업무가 연속되고 실적을 내야 하는 일이 힘에 부치는 사람들이 우리 부서로 오고 싶어하죠. 매일 똑같은 사람들과 사무실에 앉아 일하는 것보다, 매번 다른 사람들을 만나 새로운 업무를 하면 또 해방감이 느껴진다고 하더라고요. 그래서 처음부터 이 일을 한 사람보다 다른 일을 하다가 온 승무원이 직업 만족도가 높아요.

편 승무원들은 주로 어떤 스트레스가 있나요?

최 업무에서 오는 스트레스는 크게 없는 것 같아요. 다만 사람을 상대하는 일이니까 고객으로부터 받는 스트레스가 있을 수 있고요, 회사 내부적인 조직의 문제로 스트레스를 받는 직원들이 꽤 있죠. 승무원은 큰 조직이에요. 저희 회사의 경우는 우리나라에서 승무원의 수가 가장 많아요. 그래서 연차에 비해 진급이 좀 늦어질 수 있어요. 나이가 좀 있는 승무원은 이제 진급에 대해서 그렇게 스트레스를 받지는 않아요. 그런데 요즘 젊은 직원들은 진급이 좀 늦어지면 회사에서 인정을 받지 못했다는 생각이 큰 것 같아요. 결혼하고 아이 낳으면서 육아휴직을 하고 돌아온 40대 이후 승무원들의 경우는 그렇게 진급 문제로 스트레스 받지 않기도 해요. 이런 걸 보면 직장 내 스트레스도 개인차가 있는 것 같아요.

그 외에도 불규칙한 식사, 잦은 밤샘 등으로 건강이 악화될까 우려해요. 건강보조제도 챙겨 먹는 편이고, 각자의 방식으로 노력을 많이 해요.

㉠ 스트레스 해소는 어떻게 하나요?

㉡ 저는 책 읽고 영화 보는 것도 좋아하고요, 콘서트 가는 것도 좋아요. 제가 좋아하는 아이돌이 콘서트에서 실제로 노래하는 모습을 보면 뿌듯하고 행복해요.^^ 피곤함도 잊고 노래를 따라부르는 것도 재미있어요. 하지만 저한테 가장 힐링을 주는 건 식물이에요. 저는 식물 덕후예요. 요즘엔 반려 식물이라고도 하죠. 물 주고 가꾸면서 자라는 모습 보면 정말 마음이 평온해져요. 또 꽃을 피웠을 때나 시들시들 죽어가다가 다시 살아났을 때는 정말 기쁘죠. 길가에 버려져 있는 식물들을 주워다 돌보기도 해요. 제가 할 수 있는 처치도 해보고 계속 관심을 가지면서 돌보는데 처음엔 가망이 없어 보여서 안되는가 보다 포기하려고 했는데 살아났을 때, 얼마나 기쁜지요. 마음 졸이던 게 확 풀리면서 보람도 느낄 수 있었어요. 그리고 저는 희귀 식물도 좀 키워요. 키우는 조건이 까다로워서 가끔 실패하기도 하지만 또 성공했을 때는 뿌듯하죠. 제가 식물을 키워보니 좋은 게 많더라고요. 동물을 키우다가 잘못되면 죄책감도 들고 마음이 너무 많이 아플 텐데 식물은 그런 마음의 짐이 좀 적어요. 또 비용도 적게 들고요. 그래서 주변에 식물 키우라고 막 권해요. 특히 회사 동료, 후배들에게 이만한 테라피가 없다고 강조하죠.

취미 생활

편) 국내 항공사에서 외국인 승무원을 채용하는 이유는 뭔가요?

최) 우리나라 항공사는 외국으로 취항하는 노선이 늘어난 1990년대 후반부터 취항하는 나라의 승무원을 채용했어요. 모든 나라는 아니고 승객이 많은 몇몇 나라로 중국, 일본, 미국, 러시아, 베트남, 태국, 인도네시아 등 국적별로 다양한 외국인이 있죠. 승무원은 영어를 기본으로 하지만 현지인 승객들과 자세한 의사소통을 하려면 아무래도 같은 나라 사람이 더 좋죠. 취항하는 나라에 현지인 승객이 많을 경우 현지인을 승무원으로 채용하는데요, 예전엔 중국인 승무원이 500명 가량으로 가장 많았어요. 코로나19 직전까지 꽤 많은 외국인 승무원이 있었는데 코로나19 때 대부분 계약 해지를 해서 2023년 현재까지는 외국인 승무원이 거의 없어요. 아마도 이전의 상황으로 돌아가면 다시 외국인 승무원이 많아질 거라 생각해요.

편) 외국 항공사로 진출한 한국인 승무원이 많다고 들었어요.

최) 항공산업이 막 발달하기 시작하는 나라에서 한국인 승무원을 많이 데려갔어요. 중국에 민간항공이 늘었을 때는 중국으로 많이 갔죠. 또 한때는 중동의 항공사에 많이 갔어요. 지금은 어느 한 나라로 다수가 이동하는 경우는 없지만, 이렇게 어느 시기에 어떤 나라에 수요가 많을 때 대규모로 이동하기도 했어요.

㉠ 왜 이렇게 외국 항공사에서 한국인 승무원을 찾을까요?
㉡ 한국 사람은 누가 시키지 않아도 일이 눈에 보이면 해요. 반면에 외국 사람들은 계약한 대로, 그러니까 계약서에 써 있는 업무만 딱 하고 말아요. 그러니 관리자들 입장에서는 한국인 승무원이 좋게 보일 수 밖에 없죠. 아마도 우리나라 사람들이 책임감이 강해서 그런 것 같아요. 현재는 어느 한 나라에서 우리나라 승무원을 데려가려고 하지는 않아요. 대신에 한국에서 경력을 쌓고 다른 나라 항공사에 이력서를 넣으면 대부분 붙는 것 같기는 해요. 유럽, 미국, 동남아시아, 중국, 중동 등 한국인이 많이 탑승하는 노선에서 한국인 승무원을 간혹 만날 수 있어요.

㉠ 승무원의 미래는 어떨 것 같으세요?

최 언젠가 본 기사에 따르면 미래에 없어질 직업 중 하나에 든 것 같기도 하던데, 글쎄요. 쉽게 사라질 직업으로 보이진 않아요. 지난번 코로나19가 창궐할 때 전 세계 사람들의 이동이 멈춰서 승무원들이 좀 고생하기는 했어요. 지금 상황이 좋아지면서 이전의 상태로 돌아가고 있는 중이고요. 경제가 발전할수록 비행기로 이동하는 사람의 숫자가 느는 것 같아요. 우리나라도 어느 시점에 항공기 이용자가 폭발적으로 늘었고, 중국도 마찬가지고요. 이렇게 승객의 수요가 많으면 승무원이라는 직업이 사라질 수가 없어요. 더군다나 비행기는 한 번의 실수와 잘못으로 큰 사고가 날 수 있어서 반드시 사람의 주의력이 필요한 곳이라고 생각해요.

㉠ 다른 나라 항공사와 다른 점이 있나요?

㉡ 우리나라 항공사 시스템은 세계적인 수준이라고 생각해요. 처음부터 이런 시스템이 구축된 건 아니에요. 1990년대 크고 작은 항공사고가 많이 났어요. 회사에서는 외국의 전문가를 데려와 문제의 원인을 진단했어요. 전문가들은 문제가 될 법한 큰 것들도 지적했지만 시시콜콜한 것까지 모두 들춰냈어요. 그런 과정을 거쳐 이런 시스템을 구축하고 각종 매뉴얼을 만들었어요. 저희도 처음에는 새로운 시스템에 적응하는 게 매우 힘들었어요. 지켜야 할 규정이 너무 많아서 타이트하다는 느낌을 받았죠. 그런데 규정대로 시행하니까 몸은 좀 고되지만 사고는 많이 줄었어요.

일을 하면서 이게 선진적인 시스템이구나 하는 생각이 들 때가 있어요. 아직 항공산업이 발달하지 않는 나라의 승무원이 일하는 걸 보면 규정을 안 지키는 게 너무 많더라고요. 문제라고 생각하지도 않고요. 2000년대 중국에 민간항공이 취항할 때는 우리가 그쪽에 가서 체계를 만들어 주었어요. 이렇게 우리가 배운 체계를 다른 나라에 전수하기도 했어요.

승객들이 하지 말았으면 하는 질문이 있다면?

㉠ 승객들이 이런 질문은 하지 말았으면 하는 것이 있나요?

㉡ 앞에서도 얘기했듯이 '같은 비행기인데 나는 왜 비싸게 샀느냐'하는 질문이 난감해요. 외국인은 안 물어보시는데 유독 한국인 승객은 많이 물어보세요. 또 개인적인 질문도 많이 하시는데요, 가끔 선을 넘는다는 생각이 들어요. 몇 살이냐, 결혼은 했냐, 월급은 얼마 받냐 등등 너무 개인적인 질문은 승객이 승무원에게 해서는 안 된다고 생각해요. 요즘도 그런 사람이 있냐고 하실 수도 있지만 정말 많은 분들이 아직도 대답하기 곤란한 질문들을 하신답니다.

그리고 여행객들이 많이 질문하는 것은 여행지의 특산물이 뭔지, 어떤 선물을 사면 좋을지, 유명한 장소는 어디인지 등이에요. 이런 질문에는 이 나라는 이런 특산물이 있다. 어디 어디가 경치가 좋다는 정도로 알려드려요. 그런데 문제는 한국으로 돌아갈 때 "내가 이걸 얼마에 샀는데 잘 샀느냐"고 물어보실 때예요. 저희가 보기에 다 가짜이고, 안 사셨으면 하는 것들인데 있는 그대로를 말씀드릴 수가 없더라고요. 그래서 알고도 모른 척할 때도 있어요.

편 승객들 중에 조심스럽게 대해야 하는 고객도 있나요?

최 함께 비행기를 타고 온 손님 중에 돌아가는 비행기에서 다시 만날 때가 있어요. 대부분 서류가 미비해서 입국 거부를 당한 손님이에요. 이런 분들에게는 승무원이 밝은 미소로 반갑게 맞이하는 게 기분이 상할 수 있어서 조심스럽게 대하는 게 좋아요. 승무원이 모든 승객의 얼굴을 기억하기는 어려워요. 이럴 때는 눈치가 있어야 하는 것 같아요. 그 승객을 기억하지는 못하지만 대충 분위기를 봐서 자극하지 않는 자세가 필요하죠.

또 조심스럽게 접근해야 하는 승객은 가족의 유해를 안고 타는 분들이에요. 안타깝게도 이런 분들이 좀 있어요. 외국에서 가족이 사망한 경우 기내에 유골함을 가지고 탑승하게 되는데요. 다수의 유족들은 안타까운 마음에 유골함을 꼭 끌어안고 놓지 않으려고 하시죠. 그런데 규정상 유골함은 선반이나 발밑에 두어야 해요. 이때 승무원이 밝은 목소리로 "들고 가시면 안 되고 의자 밑에 넣어주세요"라거나 "이리 주세요. 제가 선반에 넣어드릴게요"라고 말하면 얼마나 속상하시겠어요. 이런 때는 최대한 정중하고 조심스럽게 부탁드려야 해요.

ⓔ 승무원을 힘들게 하는 고객도 있나요?

ⓒ 한 번은 다단계 회사에서 단체 여행을 가는 분들을 만났어요. 실적이 좋아서 회사에서 여행을 보내주는 거라고 하시더라고요. 거기까지는 좋았죠. 그런데 승무원들을 붙들고 회사 선전을 하면서 물건을 사라고 강권하시는 거예요. 저희야 승무원이니까 정중하게 거절하고, 하시는 말씀은 네네, 하고 대답하면서 듣기는 했지만 좀 괴롭더라고요.

또 비행기가 지연될 때 짜증을 내면서 큰소리로 항의하는 손님도 가끔 있어요. 지연은 대부분 전편이 늦게 도착한 경우가 많아요. 또 시간에 맞게 도착했는데 무슨 사연이 있어서 정비가 늦어졌을 경우도 있는데요. 이런 경우 손님들은 정비를 좀 제때 하지 하고 불평하시는데, 저희가 말씀을 다 못 드리지만 좀 억울할 때도 있어요. 예를 들어 장애인 단체에서 휠체어를 탄 분들이 탑승했어요. 그러면 탑승 시간도 길어져 출발 시간도 지연되고 착륙 후 내리는 시간도 길어져서 다음 비행시간도 지연될 수 있어요. 정비팀은 승객이 모두 내린 상태에서 기내에 들어가야 하니까 또 그 시간만큼 지연되는 거죠. 한 부서의 일이 늦어지면 연쇄적으로 영향을 받아요. 그런데 이런 일을 승객들에게 하나하나 다 설명할 수는 없잖아요. 어쩔 수 없이 불평하시는 말씀 다 듣고 참아야죠.

나도 승무원

기내에서는 실제로 여러 가지 어려운 상황이 벌어져요. 여러분이 승무원이라면 어떻게 처리할지 생각해 보세요. 그리고 현장에 있는 승무원이 어떻게 처리하는지 비교해보세요.

1. 고객이 "승무원~"하고 불러요. 가보니 기름 냄새가 나는데 어디 고장난 것은 아니냐고 물어보시네요. 이럴 땐 어떻게 대답하면 좋을까요?

　　승객 탑승 후 비행기가 지상대기 중인데 항공유 냄새가 나는 경우가 있어요. 하지만 불쾌할 수는 있어도 전혀 걱정할 일은 아니랍니다. 비행기는 전진만 하고 후진은 할 수 없어요. 그래서 주기장에서 벗어나 이동하기 위해서는 토잉카(Towing Car)라는 귀엽게 생긴 비행기 견인차가 밀어주어야 자력으로 이동할 수 있는 위치까지 갈 수 있어요. 이때는 당연히 엔진은 꺼져있고요. 엔진의 날개는 한 방향으로 되어 있는데, 강제 후진하면서 엔진의 날개가 거꾸로 돌고, 그 과정에서 바깥의 기름 냄새가 객실로 들어오는 거랍니다. 평소에는 기내의 공기를 내보내고 신선한 공기가 유입되도록 설계되어 있는데, 공기가 배출되어야 하는 구멍으로 유입이 되니까 그런 거고요, 일단 엔진이 돌기 시작하면 역한 냄새는 바로 빠지니까 걱정하지 않아도 돼요.

2. 한 고객이 지나가는 승무원을 부르더니 옆자리 승객의 발냄새가 심해서 머리가 지끈지끈 아프다고 어떻게 좀 해줄 수 없냐고 물어보시네요. 이럴 땐 어떻게 하면 좋을까요?

항공기 탑승 규정상 타 승객에게 혐오감을 줄 정도의 냄새나 지저분한 외모의 승객은 다수의 편의를 위해 탑승할 수 없다는 규정이 있어요. 그러나 혐오감의 기준이 다소 모호하고 사람마다 다를 수 있어 탑승 전 단계의 직원들도 승객을 탑승 거절시키기까지는 매우 신중을 기해요. 예를 들어 과거에는 온몸 문신을 한 승객이 혐오스럽다고 생각되던 것이, 요즘엔 그냥 개성의 표현으로 받아들여지는 경우 등, 인식이 변화하고 있어요. 하지만 특정 국가에서는 입국이 거절될 수 있으니 여행객들이 알아서 조심해야 하고요. 배낭을 메고 저렴하게 세계 여행을 하는 탑승객들도 비행기에 타기 전에는 자기 관리를 하는 편이에요.

아무튼 발냄새 이야기로 돌아가서 진짜 냄새의 원인이 발냄새인지 승무원들이 돌아다니며 찾고요(실내 반입이 금지된 동남아의 두리안 같은 과일은 사람의 체취로 오인되기도 해요), 의심되는 승객이 신발을 벗고 있다면 솔직하게 말씀드리는 수밖에요. 방향제를 뿌리고 개선되지 않는다면 씻고 오시라고 말씀드려야겠죠. 기내에 탈취제 및 방향제가 탑재되어 있는 이유 아시겠지요? 서로 무안하지만, 그런 승객은 본인에게서 발냄새가 나는 걸 알고계시더라고요. ㅠㅠ

이런 응대 원칙은 기본적으로 코골이가 심한 승객이나, 자면서 이를 가는 승객에게도 적용됩니다. 승객이 코를 곤다고 바로 깨우는 건 절대 아니고요^^, 주변의 승객이 불편을 호소할 경우, 당사자를 절대 밝히지 않고 대신 말씀드립니다.

3. 나는 뒷좌석의 승객이 불편할까봐 등받이를 꼿꼿이 세우고 있는데 앞사람은 너무 편하게 뒤로 젖히고 있어서 얄미워요. 너무 이기적인 것 아닌가요? 이렇게 생각하시는 고객이 있을 때 어떻게 대응하면 좋을까요?

식사 제공시를 제외하고 등받이를 세우거나 젖힐 권리는 동일하답니다. 식사할 때는 고개를 숙여야 하기 때문에 불편하지 않도록 등받이를 세우시도록 하고 있어요. 모두 공평하게요. 앞좌석 승객이 갑자기 등받이를 움직일 경우, 국이나 라면, 커피 등의 음료가 쏟아지면 위험할 수 있어요. 억울하다고 생각하지 마시고 식사 시간이 아니라면 등받이를 뒤로 젖혀 편하게 가세요. 그럼 뒷좌석의 승객도 자연스럽게 뒤로 누우실 거예요. 영화관에서는 오른쪽 팔걸이가 내 것이라면서요? 그처럼 원칙이 있으니 항공 여행 시, 상식으로 알아두시면 좋아요.

비행기 좌석등받이의 논쟁은 아파트의 층간 소음만큼이나 빈번하게 일어나는 승객간의 분쟁이랍니다. 경험상 즐거워야 할 신혼여행 길에서 부부 간 싸움으로 일이 커져서 한바탕 소동이 일어났던 기억도 있어요. 그 외에도 창문 덮개를 닫고 싶다 vs 열고 싶다, 기내 온도를 높여 달라 vs 낮춰 달라, 전체 조명을 켜 달라 vs 꺼달라와 같은 상반된 요구의 승객들을 응대할 때는 현재 상황에서 가장 합리적인 결정을 하고, 상황 자체가 승객 간의 자존심 문제로 비화되지 않도록 주의해야 합니다. 그리고 양보하고 참아주신 착한 승객에게는 감사 표현을 하고 꼭 알아드리세요.

4. '제가 주량이 좀 센 편인데 승무원이 술을 너무 인색하게 제공해요. 그래서 내가 마실 술은 직접 준비해 왔어요.' 이렇게 말씀하시는 승객이 있을 때 승무원은 어떻게 대응할까요?

외부에서 반입한 술은 드실 수 없어요. 기내에서는 지상에서보다 2~3배 빨리 취해요. 평소의 주량을 생각하고 마셨다가 자신이 취했다는 사실을 인지하지 못하는 경우도 많아요. 본인은 즐거워 목소리가 커졌는데 주변에선 이미 불쾌감이 들기 시작했을 수도 있어요. 승무원이 웃으며 술을 제공해도 몇 잔 혹은 몇 캔을 드시는지 세고 있답니다. 물론 정보공유도 하고요. 승객이 탑승 전 이미 술을 드셨거나, 가져오신 술을 몰래 드신 경우 문제가 생길 수 있기 때문에 인색해 질 수 밖에 없어요. 그럼에도 계속 드신다고 고집을 부린다면 압수 보관했다 내리기 전에 드리기도 해요. 기내에서는 식사와 어울리는 와인 한 잔 정도만 가볍게 드시고, 물을 많이 드시는 게 좋아요.

잊지 마세요. 대부분의 난동, 경찰 인계 승객은 술과 밀접한 관계가 있다는 것을요.

5. 아이들과 휴양지에 가는 승객이 구명복을 반출하려고 하는 모습을 봤어요. 이럴 때는 어떻게 대응해야 할까요?

　실제로 특정 노선의 구명조끼가 자꾸 사라져 문제가 된 적이 있었어요. 빈 곳은 또 채워놓겠지 하고 가볍게 생각하시면 안 돼요. 구명조끼는 조명이나 가스 실린더 등이 부착된 고가의 장비이기도 하지만, 구명조끼가 없는 좌석은 판매할 수가 없으니까 누군가는 돌아가는 비행기에 못 탈 수도 있어요. 추적해서 손실이 발생한 부분을 책임져야 할 수도 있고, 최악의 경우 법적 처벌을 받을 수도 있답니다. 경보음이 울리도록 인식 장치를 부착한 적도 있었는데, 이제는 부끄러웠던 과거의 모습이에요. 하지만 여전히 담요나 베개를 반출하다 제지당하는 손님들은 계시답니다. 아마 몰라서 그러실 건데, 승무원에게 한 번 확인해주세요. 실제로 귀마개나 칫솔, 일회용 슬리퍼, 튜브 고추장 등은 요청하시면 더 드리고 있고요, 여행지에서 아주 유용하게 쓰실 수 있습니다.

6. '아이가 계속 울어 불편하게 왔어요. 어린아이 주변에 좌석을 배정한 항공사에 클레임을 제기할까 합니다.'하고 말씀하시는 고객이 있어요. 이럴 때는 어떻게 해야 할까요?

비행기에 탄 아이라고 내내 울기만 하거나 주변을 힘들게 하는 것은 아니랍니다. 발권 단계에서 어린아이가 없는 구역을 요청하는 승객도 있지만 어떤 날은 정말 아기나 어린이가 많아요. 아기가 혹시 울까 봐 편지와 함께 사탕 등을 포장하여 주변에 돌리는 엄마들도 있는데(사전 뇌물인 셈이죠^^) 뇌물이 무색할 만큼 쿨쿨 잠만 자다 내리기도 해요.

안타깝지만 아이를 제일 잘 돌볼 수 있는 사람은 아이의 부모님들입니다. 어른들도 힘든데 낯선 환경의 비행기 안은 아기들에게 더 힘든 곳일 거예요. 승무원들도 주변의 눈치를 보느라 제대로 쉬지 못하는 엄마들을 최대한 도와드리고 있지만 노력만큼 쉽지 않은 것이 아기 돌보기에요. 그래서 승무원들은 부모님들이 교대로 식사하시도록 제공해 드리고요, 보호자가 혼자라면 화장실 가시거나 잠깐 허리 펴시도록 아기를 봐 드리기도 해야죠. 수유를 하는 엄마에겐 음료도 자주 권하고요. 그리고 주변 승객들에겐 귀마개를 나눠드리며 거듭 양해를 구하는 수밖에요. 지구의 모든 엄마들, 오늘도 파이팅입니다.

7. '저는 생선이 싫은데 남은 식사가 생선 밖에 없대요.' 원하는 식사를 하지 못해 불편해하는 고객이 있다면 어떻게 할까요?

원하시는 식사를 못 드시면 정말 속상하죠. 저희도 진땀이 날 때가 많고요. 알러지가 있거나 아예 드실 수 없어 장거리 여행이 힘들다고 판단되면, 대체할 것들을 최대한 제공해 드리려 해요. 간식이 될 수도 있고, 다른 클래스의 식사가 될 수도 있지만, 이를 악용하는 승객일 수도 있기 때문에 신중을 기해 제공해야 해요. 혹은 두 번째 제공될 식사를 데워 제공하기도 하는데요, 처음 원하는 식사를 못 드신 분들이 두 번째 식사도 불이익을 받으면 안 되기 때문에 두 번째 식사 제공은 첫 번째와 반대 방향으로 진행한답니다. 어라? 아까는 앞에서부터 식사 서비스가 진행되더니 저녁은 뒤에서부터 오네? 하고 눈치채셨다면 바로 보신 거예요.

승무원
최선영 이야기

㉠ 어떤 계기로 승무원이 되었는지 궁금해요.

㉢ 저는 시골에서 자랐어요. 언니들이 있어도 저 혼자 잘 노는 아이였어요. 그래서 어려서부터 독립적이었던 것 같아요. 제가 대학에서 행정학을 전공했는데요, 4학년이 되자 취업해야겠다는 생각에 졸업도 하기 전에 여러 회사에 원서를 넣었어요. 그중에 승무원도 있었죠. 큰 기대를 하지 않았는데 회사에서 시험을 보러 오라고 하더라고요. 그때까지도 지방에 살고 있던 저는 서울 지리도 모르는데 무작정 상경해서 시험장을 찾아갔어요. 그런데 지리를 모르니까 헤매다 입실 시간에 늦었어요. 제가 그때 임기응변이 있었나 봐요. 평소에는 그런 용기도 없었는데 사정해서 겨우 들어갔어요. 근데 이미 영어시험이 꽤 시작된 참이라 쫓기는 마음으로 부랴부랴 시험을 쳤죠. 동네에서 영어를 좀 잘한다고 해서 원서를 넣은 건데 정신없이 시험을 보니까 점수가 낮게 나왔어요. 답안지를 걷는데 저는 여전히 마킹을 하고 있었으니까요. 집에 돌아와 안될 거라고 포기하고 있었죠. 그런데 어느 날 회사에 확인하니 필기시험에 합격했다고 하더라고요. 뒤에 신체검사와 면접을 보는데 정말 독특한 분위기였어요. 당시에 연예인들 사이에 유행하던 커다란 메이크업 상자를 든 응시자들도 있었어요. 그런 응시자들 옆에는 꼭 화려한 차림의 엄마들이 있더라고요.

워낙 출중한 외모의 응시자들이 많으니까 조금 주눅이 들었던 것 같아요. 나중에 보니 면접에 함께 참여했던 사람들을 찾을 수가 없었어요. 아무튼 아마 최저 성적이 아니었겠나 싶지만 합격을 했죠. 합격했으니 언제 교육받으러 오라더라고요. 기대하지 않았는데 합격했다니까 좀 멍했죠. 믿어지지도 않고요. 엄마에게 취직했다고 말했더니 어디냐고도 안물어보고 '그래, 잘했다'고 답하시더라고요. 저희 언니들도 다 알아서 척척 취직했고 저도 취직할 때가 되어서 그런지 되게 담담한 척 하셨어요. 제가 졸업하기 전이었지만 저 정도면 벌써 취직해야 하는 게 당연하다는 게 집안 분위기였던 것 같아요.

편 그럼 첫 직장에서 30년 동안 근무하신 거네요?

최 네, 아무 준비도 없이 덜컥 승무원이 되었고, 지금까지 하고 있어요.^^ 사실 제가 원서를 쓰면서도 승무원이 실제로 하는 일을 잘 몰랐어요. 승무원의 보여지는 이미지가 있어서 그랬는지 실제로 승무원이 서비스직이라는 생각은 못 했던 거죠. 그런데 막상 입사해서 하는 일이 대부분 승객에게 음식과 음료를 제공하는 서비스가 중요한 몫을 차지하더라고요. 그래서 약간 실망도 했어요. 그때는 아직 어렸으니까 식사 나르고 음료 나르는 일보다는 사무실에 앉아 전문적인 일을 하는 게 더 좋아 보였던 것 같아요.

첫 국제선 비행을 미국 LA로 갔어요. 거기 갔다 오면서 '여기서 시간 낭비하지 말고 빨리 그만두는 게 낫겠다'고 생각했죠. 아무리 생각해도 제 적성이 아닌 것 같았어요. 좁은 기내에서 밥을 들고 이리 뛰고 저리 뛰는 일을 하지 말고 돌아가면 사표를 내야겠다고 생각했어요.

그날 퇴근해서 신혼이던 언니네 집엘 가니 언니하고 형부하고 사돈 어른이 모두 나와서 미국 비행이 어땠냐고 눈을 반짝이며 물으시더라고요. 한마디로 비행기를 엄청 태우셨어요. 저는 마음의 사표를 준비했는데 그 말을 차마 못 했어요. 그러고 나서 첫 월급을 받았는데, 월급이 꽤 괜찮았어요.^^ 또 남들이 잘 못 가는 해외에 나갈 수 있는 기회도 많고요. 당시에는 해외여행을 지금처럼 마음껏 할 수 있는 시절이 아니라 해외여행 다녀오는 게 일생의 소원인 사람들도 있었고, 다녀온 사람들의 자랑거리이기도 했어요. 해외에 나가면 체류비로 달러를 주고, 호텔도 회사에서 제공하고 하니까 제 돈 들이지 않고 여행도 하는 재미를 알았어요. 그래서 그랬나, 그 후로는 사표 내야겠다는 생각은 하지 않았던 것 같아요. 그리고 그만 둘 생각을 할 틈이 없을 만큼 너무 바빴어요. 극성수기가 시작되었거든요.

시애틀 스타벅스 1호점에서

19년 헐리우드 거리

안전하고 편안한 비행의 동반자
승무원

그래도 처음 몇 년 동안은 사무실에서 일하는 친구들이 좀 부러웠어요. 그런데 30대가 되어 결혼도 하고 아이도 낳으니까 제 일이 더 좋게 느껴졌죠. 친구들은 결혼하거나 아이를 낳으면서 회사를 그만두는 일이 많았고, 육아휴직이 되지 않는 직장인 경우 경력단절이 되었어요. 저는 그럴 일이 없잖아요. 육아휴직하고 다시 직장으로 돌아올 수 있었으니까요.

편 이 일을 그만두고 싶었을 때는 없었나요?

최 아이가 어렸을 때 체력이 부족해서 힘들었던 적이 있어요. 이건 일하는 엄마들이라면 다 겪는 어려움이라고 생각해요. 당시에 극성수기를 맞아서 한 달에 120시간 비행을 한 적이 있거든요. 보통 때보다 20시간 정도 더 일을 한 건데 뭐 그렇게 많이 어려울까 싶지만 당사자에게는 그냥 20시간이 아니에요. 승무원이 하는 일이 딱 비행시간 안에 다 하는 일이 아니잖아요. 더군다나 밤에 잠을 못 자는 시간이 많아서 많이 힘들었어요. 그때 체력이 좀 많이 떨어졌다고 느꼈는데요, 일을 못할 만큼 아프지는 않더라고요. 그래서 그 순간이 또 넘어갔어요.

편 힘들었던 때는 언제인가요?

최 입사 초에 안전교육이 힘들었어요. 요즘엔 수영 테스트를 하지 않는데요. 예전엔 했어요. 제한시간이 있어서 시간 안에 들어오지 못하면 탈락이었어요. 그럼 연습해서 다시 시험을 봐야 했고요. 저는 물을 싫어해서 수영엔 자신이 없었는데 죽을 힘을 다해 연습을 했고 매번 통과는 했죠. 여전히 물은 싫어하고요. ^^

하지만 실제 사고가 나서 항공기가 바다에 불시착했을 때는 승무원의 수영 실력이 생각보다 중요하지 않아요. 바다에서 사고가 나면 사람들을 한 곳에 모으고 서로 붙어서 체온을 유지하는 게 가장 중요해요. 바다는 생각보다 수온이 낮아요. 그러면 구조대가 올 때까지 승객들의 체온을 유지시키는 게 승무원의 역할이에요. 이런 현실적인 이유로 지금은 수영 테스트는 없어졌는데, 아무튼 당시에는 팀을 이뤄 강에서 보트를 타고 먼 곳까지 갔다가 돌아오는 시합도 했어요. 지금 생각하니 그때가 좀 힘들었던 것 같아요.

편 승무원을 오래 했더니 '이런 건 좀 알겠더라', 하는 게 있다면요?

최 사람을 보는 눈이 좀 생기는 것 같아요. 워낙 많은 고객을 만나다 보니 탑승하는 모습으로 성향을 알 수 있는 분들이 좀 있어요. 질문을 많이 할 것처럼 보이는 분이나 예민해 보여서 조심해야 할 것 같은 분들은 예상이 맞을 때가 많아요. 저희는 고객 관찰을 좀 많이 하는 편이에요. 항공기는 밀폐된 공간이라서 비행할 때 사고가 나면 정말 위험해요. 가능하면 아무 일 없이 지나갈 수 있도록 미리 대비하는 게 우선이죠. 승무원들이 미소를 짓고 실내를 돌아다니면서 여기저기 둘러보는 모습을 보셨을 텐데요. 그런 때도 승객들을 관찰하고 있어요. 혹시 위험한 물건을 가지고 있는 사람은 없는지, 문제가 될만한 행동을 하는 승객은 없는지 은연중에 살펴보는 거죠. 그리고 뭔가 이상하다는 느낌이 드는 고객을 기억해 두었다가 그 승객이 잘 모르게 관찰하기도 해요. 항상 안전사고에 대한 걱정이 있어서 사람을 관찰하는 습관이 든 것 같아요.

편 이 일을 하면서 기억에 남는 일이나 보람을 느끼는 일은 무엇인가요?

최 보람있는 일은 정말 많아요. 그래서 오래 이 일을 할 수 있었던 것 같고요. 가장 흔한 예를 들어볼까요? 기내에는 승객들이 두고 내리는 물건이 꽤 많아요. 저희가 다 수거해서 공항에 있는 유실물 센터에 맡겨요. 거기에는 정말 온갖 유실물이 넘쳐나게 많아서 포화 상태라 목베개나 옷가지는 받아주지도 않아요. 이렇게 맡겨진 물건은 일정 기간이 지나도록 주인이 나타나지 않으면 폐기하죠.

승객이 다 내리면 먼저 승무원이 기내에 남아있는 물건은 없는지 확인하고, 다음엔 청소하고 방역하는 분들이 확인해요. 대부분은 그 단계에서 유실물이 나오죠. 다음 단계로 항공기 좌석을 다 뜯고 소독하고 방역하는 날이 있어요. 그런 날은 구석구석에 박혀 있던 동전도 다 나와요. 그런데 한 번은 좌석을 다 뜯고 방역하는 날 두툼한 지갑을 하나 발견했어요. 신분증과 신용카드, 현금이 고스란히 들어있었어요. 고객의 명함도 있어서 전화번호를 보고 전화를 드렸더니 잃어버린 줄 알고 포기하고 있었는데 찾았다며 놀라워 하더래요. 그런데 지갑에 현금과 카드가 그대로 있어서 더 놀랐다며 몇 번을 물어보셨대요. 외국인들은 기내에서든 공항에서든 물건을 잃어버리면 못 찾는 것으로 알아요. 우리나라 공항에 유실물 센터가 있는 건 더더욱 모르고요. 이런 일이 생기면 저도 모르게 기분이 좋아져요. 우리나라가 참 좋다는 생각을 넘어 자랑스럽다는 생각도 해요.

그 외에도 응급환자를 발견해서 조치하는 일, 항공기 불시착 때 무사히 승객들을 탈출시킨 동료들의 사례 등을 보면 동료지만 존경스러운 생각이 든답니다.

(편) 우리나라 국민이 남의 물건을 가져가지 않고 찾아주는 건 이제 세계적으로 유명한 일인 것 같아요. 그밖에 또 다른 경험이 있다면 말씀해 주세요.

(최) 저희 회사는 국적기인데요. 그래서 고객들이 기대하는 게 있어요. 태극마크를 달았으니 뭔가 달라야 한다는 그런 생각이 있는 것 같아요. 제가 막 입사했을 때는 우리나라 국민이 국적기를 타고 외국에 나갔을 때 항공사에 도움을 요청하는 경우가 많았어요. 대사관과 영사관이 있지만 공교롭게 쉬는 날 무슨 일이 발생하면 연락할 수 있는 곳이 마땅치 않아요. 그럴 때 타고 온 항공사에 연락하는 분들이 있어요. 예전에 미국에 내린 고객 한 분이 돈을 다 잃어버린 일이 있었어요. 그래서 현지에서 일하는 직원 한 분이 개인적으로 현금도 빌려주고 데려가서 재워주기도 했대요. 옛날 선배님들은 사정이 딱한 손님께 방을 양보하고 후배랑 같이 썼다는 얘기도 들었는데, 지금은 이해가 안되시겠지만 그때는 휴대전화도 인터넷도 없던 시절이랍니다. 승무원은 비행기 안에서 일어나는 일만 책임지면 되는데 가끔은 이렇게 영사관이 하는 일을 할

때가 있어요. 지금은 좀 덜 하지만 예전에 해외 여행을 다니는 분들이 많지 않았을 때는 이런 일이 많았죠.

㉠ 현재 사무장으로 일하고 있으세요. 사무장의 역할은 어떤 가요?

㉢ 사무장은 승무원들을 이끌어야 하는 책임이 있어요. 또 승객을 안전하게 모셔야 할 책임도 크고요. 그 시작은 비행을 준비할 때 적재적소에 승무원을 배치하는 거예요. 함께 비행할 승무원의 경력과 자격 요건을 살피고 담당할 업무(듀티 코드: DUTY Code)를 분배하죠. 승무원들에게 각자 담당해야 할 서비스 구역과 업무를 할당하는 건데요, 그 업무를 할당받은 승무원은 업무를 수행해야 하는 것은 물론이고 그에 따른 책임까지 포함되어 있죠. 승무원을 배치할 때는 경력과 성별을 고려해서 적절한 임무를 주는 게 중요해요. 그리고 사무장은 비행 전 객실 브리핑을 할 때 승무원들이 업무 지식을 알고 있는지 확인해야 해요. 기본적으로는 탑승할 항공기에 대한 지식이 충분한지도 확인하고요.

㉠ 오랫동안 세계 여러 나라를 돌아다니셨잖아요. 그중에 기억에 남는 일이 있다면 소개해주세요.

96년 이집트 피라미드 앞에서

㉝ 2022년 11월에 부정기편으로 이집트 카이로를 다녀왔어요. 지금은 취항하지 않는 도시라서 오랜만에 가니 감회가 새롭더라고요. 공항에서 현지인 가이드를 봤는데, 묘하게 기시감이 드는 거예요. 20년 넘게 이집트에 오지 않았으니까 나이로 보아 아는 사람은 아닐 테고, 누굴까 생각하며 계속 주시하고 있었죠.

같이 가신 기장님이 연세가 좀 있으셨고, 퇴직 후 특별 채용 형식으로 연장 비행을 하시는 분이라 경험이 많은 분이었죠. 그런데 기장님이 "저 친구, 30년 전에 가이드하던 아무개랑 닮았네" 하시는 거예요. 그 한마디에 뒤통수를 맞은 것 같았어요.

묘하게 닮은 사람, 내 사진첩에도 있는 배 나온 가이드 아저씨! 혹시나 해서 물었더니 그분 아들이라는 거예요. 아버지의 뒤를 이어 가이드를 하고 있던 거죠. 사진에 있는 분보다 젊고, 좀 시크하지만 넉넉하게 나온 배는 판박이로 닮아 있었어요. 반가운 마음에 아버지는 잘 계시냐고 물었더니 5년 전에 돌아가셨다는 거예요. 뭐라고 해야 할지 말이 잘 안 나오더라고요.

그리고 새삼 느꼈죠. 내가 이 일을 오래 하긴 했구나. 물론 아직도 저보다 10년 이상 근무하신 선배님들도 아주 많으세요. 능력도 체력도 프로의식도 따라갈 수 없을 정도로 훌륭한 선배님들과 열정 넘치는 후배님들 사이에서 아직 현장에서 일하고 있는 제 모습을 다시 생각해 봤죠.

편 30년은 짧은 시간은 아닌데, 때로는 힘든 시간도 지났을 것 같아요. 혹시 지금 뒤를 돌아봤을 때 후회하는 일은 있으세요?
최 부모님 젊으실 때 같이 여행 못 간 것이 참 많이 후회돼요. 그때는 바쁘다는 핑계로 다음에 함께 가면

22년 아버지와 꼭 닮은 아들 가이드

안전하고 편안한 비행의 동반자
승무원

되지, 그렇게 생각했어요. 시간이 지나도 부모님이 나이도 안 들고 건강하실 줄 알았던 거죠. 그리고 아이가 어릴 때 더 파이팅 넘치게 몸으로 놀아주지 못한 것, 남편이 좋아하는 마트 쇼핑할 때 못 이기는 척 따라가서 함께 하지 못한 것 등등, 이런 일상의 일들이 좀 후회가 되네요. 하지만 오랫동안 현장에서 벗어나지 않고 근무하고 있는 내 자신에게 우선은 칭찬을 해주려고 해요.

⑳ 이 일을 새로 시작하는 후배들에게 조언하고 싶은 이야기가 있을까요?

㊃ 책을 준비하면서 동료들과 많은 이야기들을 해보았어요. 오래 근무하면서 제일 후회되는 일이 무엇인지 물었더니, 세대 공통으로 '꾸준히 공부할 걸'이 제일 많았던 것 같아요. 영어 공부 외에도 내실을 다질 수 있도록 각종 자기 계발을 하라고 후배들에게 권하더라고요. 저도 그 생각에 동의해요.

그리고 30대에서 40대로 넘어가는 동료들은 쇼핑 좀 자제할 걸, 재테크할 걸 등의 현실적인 후회들이 많았고, 50대에 가까울수록 재테크할 걸(그 주식 살 걸^^), 운동 열심히 할 걸, 자녀에게 공부하라고 닦달하지 말 걸, 등등의 의견이 있었어요. 의외로 너무 열심히 살지 말 걸 같은 의견도 많았네요. 그 얘기를 들으면서 우리 세대가 일을 많이 하긴 했나보다 생각했죠. 결론적으로 후배님들은 하고 싶은 것을 미래로 미루지 말고 지금 하면 좋을 것 같다는 생각을 했죠.

편 긴 시간 동안 인터뷰하시느라 고생 많으셨어요. 한 번의 비행도 소홀히 하지 않으시고 철저하게 준비하시는 모습, 동료들을 위하고 승객의 편의를 위하는 모습에서 30년 동안 다져진 전문가의 포스를 느낄 수 있었습니다. 마지막으로 하고 싶은 말씀이 있다면 해주세요.

최 이 자리를 빌어 제가 지금까지 성실하게 일할 수 있도록 옆자리를 지켜준 남편과, 승무원인 엄마가 자랑스럽고 존경스럽다는 아들에게 고맙다는 말을 전하고 싶어요. 그리고 저를 낳아주시고 길러주신 부모님께 감사하다는 이야기도 꼭 하고 싶어요. 특히 80이 넘은 나이에도 딸을 위해서 김치와 고추장을 담가 주시는 엄마, 차순자 여사님! 사랑합니다.^^

편 이상으로 『안전하고 편안한 비행의 동반자 승무원』 편을 마치겠습니다.

청소년들의 진로와 직업 탐색을 위한
잡프러포즈 시리즈 9

안전하고 편안한
비행의 동반자
승무원

2024년 1월 2일 초판1쇄

지은이 | 최선영
펴낸이 | 유윤선
펴낸곳 | 토크쇼

편집인 | 박성은
표지디자인 | 이든디자인
본문디자인 | 문지현
마케팅 | 김민영

출판등록 | 2016년 7월 21일 제2019-000113호
주소 | 서울시 마포구 월드컵북로98, 2층 202호
전화 | 070-4200-0327
팩스 | 070-7966-9327
전자우편 | myys237@gmail.com
ISBN | 979-11-92842-62-2 (43190)
정가 | 15,000원